Selbstfürsorge

Fürsorge ist für diejenigen, die bei Krisen, Leid und Trauer unterstützen, sei es haupt- oder ehrenamtlich, kein Fremdwort. Sie sind es gewöhnt und sind geschult, auf die Bedürfnisse und Belange des Gegenübers zu achten und ihm oder ihr, wie es irgend möglich ist, das Leben zu erleichtern. Es ist ein Auftrag, den es zu erfüllen gilt. Doch wie ist es um die Selbstfürsorge bestellt? Diese ist nicht explizit im Arbeitsvertrag enthalten. Oft erleben Personen, die in helfenden und begleitenden Berufen tätig sind, früher oder später die Auswirkungen mangelnder oder vergessener Achtsamkeit für eigene seelische, soziale und körperliche Bedürfnisse. Dieses *Leidfaden*-Heft legt den Fokus darauf, dass Fremd- und Selbstfürsorge keine gegensätzlichen Pole sind, sondern im besten Fall Hand in Hand gehen. Die Beiträge heben die Bedeutsamkeit von Selbstfürsorge hervor und möchten den Lesenden dazu Inspirationen und Impulse schenken, damit sie weiterhin und noch lange bei der Begleitung von vulnerablen Menschen gesund bleiben.

Sylvia Brathuhn

Petra Rechenberg-Winter

Peggy Steinhauser

D1731116

Sehr geehrte Leserin, sehr geehrter Leser der Zeitschrift »Leidfaden«!

Wir möchten »Leidfaden« in Ihrem Sinne weiterentwickeln und gestalten. Deshalb erfragen wir Ihr Feedback. Wenn Sie den **QR-Code** scannen oder den **Link** aufrufen, kommen Sie zu unserem Fragebogen. Die Teilnahme dauert ca. 10 Minuten. Unter allen Teilnehmenden verlosen wir drei Büchergutscheine für unseren Webshop im Wert von je 50 Euro unter denjenigen, die uns ihre E-Mail-Adresse mitteilen. Teilnahmeschluss ist der 31.10.2023.

Und hier geht's los:

https://s2survey.net/Leserbefragung_Leidfaden/

Leidfaden, Heft 3 / 2023, S. 1, ISSN (Printausgabe): 2192-1202, ISSN (online): 2196-8217, © 2023 Vandenhoeck & Ruprecht

8 Christiane Pohl | Hilfe in stürmischer See –
Von spontaner Selbstsorge zur Gelassenheit

Inhalt

1 Editorial

4 Jakob van Wielink, Marnix Reijmerink und Leo Wilhelm
**Professionelle Nähe in der Beratungspraxis –
Der Bedarf an sicheren Basen für die Selbstfürsorge**

8 Christiane Pohl
**Hilfe in stürmischer See – Von spontaner Selbstsorge
zur Gelassenheit**

12 Monika Müller
**Altruismus und Selbstsorge – eine kritische
Betrachtung**

15 Rainer Zech
**Selbstüberraschungsfähigkeit – der Zugang
zum Unerhörten**

20 Matthias Schnegg
**Keine Einbahnstraße – Von der Gegenseitigkeit
in Begegnungen**

23 Petra Altmann
Aufbruch in die Stille

27 Herta Schindler
**»Ausdrücklich Sein« – Warum Biografiearbeit für
Fachkräfte neben Sinn auch Freude macht**

12 Monika Müller | Altruismus
und Selbstsorge – eine kritische
Betrachtung

33 Maria-Anna Feydt
**Wie hältst du das aus? Persönliche Gedanken zur
Selbstsorge in der Seelsorge**

37 Ute Frankhof
**Metastasiert erkrankt und trotzdem andere gut
begleiten – Ein Spagat zwischen Fremd- und Selbstfürsorge**

43 Sandra Burgstaller
**Wohin mit meinen Erfahrungen? Einblick in die
Gefühlswelt einer Psychotherapeutin auf einer
Palliativstation**

27 Herta Schindler | »Ausdrücklich Sein« –
Warum Biografiearbeit für Fachkräfte neben
Sinn auch Freude macht

46 Angelika von Aufseß

Davongekommen – Nach dem Gedicht »Wen es trifft« von Hilde Domin

49 Rainer Simader

Nah beim anderen und nah bei uns selbst: Wie können wir *trotz* Empathie gesund bleiben?

53 Daniela Berg

Burnout – warum es meist die »Netten« erwischt und was Sie vorbeugend tun können

57 Gaby Trombello-Wirkus

Briefe verbinden – Schätze für ein erfülltes Leben

60 Johannes Bucej

Urlaub am Herd oder: Die Küche als Ort der Selbstsorge

63 Andi Zsindely

Die richtige Einstellung zum Leben plus Freundschaft – mehr braucht es nicht! – Im Garten des Epikur

67 Ewald Epping

Supervision als Element der Selbstfürsorge

71 Canan Bayram und Michaela Will

Fasten als Selbstsorge – Ein christlich-muslimisches Gespräch

75 Susanne Conrad

Waldbaden – Kraftschöpfen in der Natur

79 Constance Spring

Energy flows where attention goes! Wie uns Resilienz dabei helfen kann, trotz Leiderfahrungen selbstfürsorglich zu bleiben

85 Aus der Forschung: Sterbebegleitung in der Ausbildung von Pflegeschüler*innen – Anspruch und Wirklichkeit?

91 Fortbildung: Sich und andere besser verstehen mit dem Kernqualitätenquadrat von Daniel Ofman

94 Rezensionen

96 Verbandsnachrichten

100 Cartoon | Vorschau

101 Impressum

Professionelle Nähe in der Beratungspraxis
Der Bedarf an sicheren Basen für die Selbstfürsorge

Jakob van Wielink, Marnix Reijmerink und Leo Wilhelm

Christa spürte, wie eine Welle von Schmerz und Traurigkeit durch sie ging, als ihr Klient Markus ihr erzählte, dass er sich nicht von seiner Schwester Bibi hatte verabschieden können. Es war alles so schnell gegangen. Bibi war nach ihrem Autounfall in einem so schlechten Zustand gewesen, dass er nicht mehr rechtzeitig bei ihr sein konnte.

Markus erzählte unter Tränen, wie schwer es ihm fiel, dass er ihr nicht hatte sagen können, was zwischen ihm und ihr ungesagt geblieben war. Dass er sie liebte, natürlich. Aber vor allem bedauerte er, dass er gesagt hatte, er habe nie an die Ehe zwischen ihr und ihrem Partner Erich geglaubt. Er wusste, dass er sie damit verletzt hatte, und er hatte inzwischen auch eingesehen, dass er sich geirrt hatte. Er hatte aber nie den Mut gehabt, darauf zurückzukommen. Und jetzt war es zu spät.

Christa war nach ihrer Sitzung mit Markus bewegt. Sein Schmerz berührte die Geschichte, die sich zwischen ihr und ihrer ältesten Schwester abspielte. Sie spürte, wie Markus' Erfahrung sie nicht nur berührte, sondern sie auch aufforderte, mit ihrer Schwester ins Gespräch zu kommen. Die einzige Möglichkeit, um jenseits der Scham, die sie empfand, zu verhindern, dass es jemals zu spät war.

Die Geschichte eines Klienten oder einer Klientin kann Ihre eigene in unerwarteten Momenten berühren – wir sprechen von Auslösern – und damit Ihre Wunden. Keine einfache Tatsache. Jeder Auslöser ist eine Einladung, sich selbst zu beobachten, sich um die eigenen Wunden zu kümmern und sie zur Heilung zu bringen. Auf diese Weise verhindern Sie, dass alte Wunden und die damit verbundenen Emotionen Sie bei der Beratung Ihrer Klientinnen in Geiselhaft nehmen. Ihre Selbstfürsorge als Berater bzw. Beraterin ist also nicht nur auf Ihr eigenes Wohlbefinden konzentriert, sie ist gleichzeitig eine Investition in sich selbst, um Ihre Klienten besser begleiten zu können.

Durch Selbstfürsorge professionelle Nähe schaffen

Die Geschichte Ihres Klienten stellt Sie immer wieder vor eine grundlegende Entscheidung: Nähe suchen oder Distanz wahren? Was dient Ihrer Klientin am besten? Welcher Ansatz ermöglicht es Ihrem Klienten, sich seinem eigenen Verlust und Schmerz in Sicherheit stellen zu können und während dieser Suche neue Entdeckungen zu machen? Distanz oder Nähe?

Eine Beratungsbeziehung erfordert einen sicheren Raum, in den die Klientin mit ihrer Geschichte hervortreten kann. Bei der Gestaltung dieser Beziehung geht es also um professionelle Nähe. Eine Nähe, die auch unser Bedürfnis nach Bindung und damit nach Sicherheit zeigt. Bindung, die wir als Kinder notwendigerweise und unbewusst gestalten, um zu überleben. Eine Bindung, die wir dann als Blaupause für unsere Beziehungen zu anderen in unser Erwachsenenleben mitnehmen. Aus einer überwiegend sicheren Bindung heraus, wenn unsere Bezugspersonen ausreichend verfügbar waren, können wir uns leichter verbinden, Nähe suchen und Sicherheit erfahren. Wenn unsere Bezugspersonen jedoch emotional oder körperlich unzureichend ver-

Leidfaden, Heft 3/2023, S. 4–7, ISSN (Printausgabe): 2192-1202, ISSN (online): 2196-8217, © 2023 Vandenhoeck & Ruprecht

fügbar waren, laufen wir Gefahr, überwiegend unsichere Bindungen einzugehen. Das macht es schwieriger, uns später mit anderen zu verbinden, Nähe zu suchen und Sicherheit zu erfahren. Doch genau darin liegt die heilende Bewegung. In der Nähe treffen wir aber auch auf unsere eigene Verletzlichkeit, auf das Risiko der Zurückweisung. Aus unserer eigenen Verletzlichkeit heraus scheint dann die professionelle Distanz ein sicherer Ansatz zu sein. Die Idee dahinter ist, dass es immer noch um den Klienten und nicht um uns gehen sollte. Aber um wirklich mit dem Klienten in Kontakt zu kommen, muss der oder die Beratende auch mit sich selbst in Kontakt kommen. Und das erfordert grundlegende Selbstfürsorge.

Schließlich sind wir als Fachleute keine neutrale Leinwand, sondern bringen unsere eigenen Erfahrungen und Prägungen als Menschen mit. Und wie kann es wirklich um die andere Person gehen, wenn man selbst, aus welchen Gründen auch immer, nicht ganz dabei ist? (Van Wielink, Wilhelm und Van Geelen-Merks 2019).

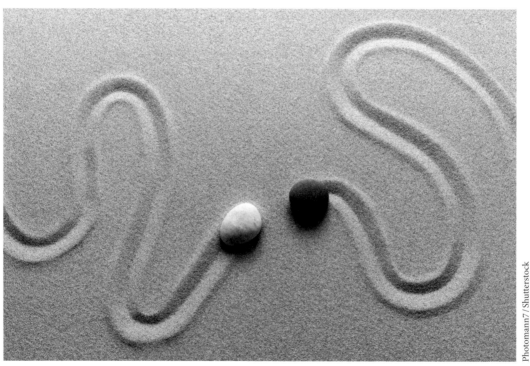

Photomann7 / Shutterstock

In dem Konzept der professionellen Nähe geht es um Ihre Bereitschaft und Fähigkeit, so präsent zu sein, dass Sie aus Ihren eigenen sicheren Basen heraus auch in der Beziehung zur Klientin eine sichere Basis sein können.

Die Kraft der sicheren Basis

Hier verfolgen wir den Ansatz einer sicheren Basis. Die sichere Basis *(Secure Base)* ist ein Konzept aus der Bindungstheorie (Bowlby 1988). Sie ist »eine Quelle, die Ihnen das Gefühl gibt, willkommen zu sein und die Sie inspiriert und ermutigt, die Herausforderungen des Lebens in Verbindung zu meistern« (Van Wielink, Fiddelaers-Jaspers und Wilhelm 2023, S. 9). Diese Quellen können Menschen sein. Aus Ihrer Kindheit sind das idealerweise Ihre Eltern, aber auch Gegenstände, die für Sie eine besondere symbolische Bedeutung haben. Auch andere Menschen, mit denen Sie aufgewachsen sind, können zu einer sicheren Basis für Sie werden, ebenso wie einschneidende Ereignisse und Ziele, die Sie sich selbst gesetzt haben.

Im Englischen gibt es das schöne Begriffspaar »caring« und »daring«, um zu zeigen, was sichere Basen für Sie sind und tun: Durch »caring« bieten sie Ihnen Sicherheit, Unterstützung und Fürsorge; durch »daring« fordern sie Sie zu Abenteuern, Experimenten und Wachstum heraus. Sichere Basen helfen Ihnen, durch die Fürsorge, die sie Ihnen geben, mit Vertrauen in die Welt zu gehen und neue Beziehungen einzugehen. Und sie helfen Ihnen, mit Ihrem Wagemut, mit Enttäuschungen umgehen zu lernen. Sie unterstützen Sie dabei, Erfahrungen am Rande Ihrer Komfortzone zu machen, daraus zu lernen und, wenn Sie wieder in Ihrer Komfortzone sind, das so Gelernte wieder in die Praxis umzusetzen. Diese Bewegung nach außen und nach innen, um Erfahrungen zu machen und zu lernen, ist die gleiche Bewegung wie Ihre Selbstfürsorge: Selbstfürsorge ist kein Selbstzweck, sondern ein Mittel, um als (Fach-)Mensch weiter zu wachsen. So können Sie als Beratender eine sichere Basis für Ihre Klientinnen sein und berufliche Nähe gestalten. Unsere eigenen sicheren Stützpunkte wiederum dienen der Aufrechterhaltung unserer Selbstfürsorge. Sie sorgen dafür, dass wir selbst ausreichend genährt und inspiriert bleiben, um gleichzeitig eine Ressource für die Menschen zu sein, mit denen wir leben und arbeiten.

Wenn Sie Ihre eigenen Erfahrungen mit Fürsorge und Mut in Ihrem (frühen) Leben kennen, können Sie eine sichere Umgebung für Ihre und mit Ihren Klienten schaffen. In dieser sicheren Umgebung können Sie Ihre eigene Verletzlichkeit und Berührbarkeit in die Beratung einbringen – wie Christa aus der Fallstudie –, weil Sie die Verbindung in den Vordergrund stellen können. Als Berater sind Sie in erster Linie ein Mensch, der einem anderen Menschen begegnet. Wenn Sie sich in einen anderen Menschen einfühlen und sich in seine Lage versetzen, ermöglichen Sie es Ihrem Klienten, mit einschneidenden Veränderungen und Verlusten in seinem Leben umzugehen (Perry und Winfrey 2021).

Berühren und berühren lassen

Die Grundhaltung für die Beratung kann eine Haltung der Präsenz sein: mit leeren Händen und offenem Herzen präsent sein, ohne etwas lösen zu wollen oder zu müssen. »Anwesend sein und präsent sein« bedeutet, dass Sie beide in der Beziehung verbunden sind und gemeinsam den Prozess leiten. Sie sind beide voll und ganz mit der anderen Person, mit sich selbst und mit dem, was mit Ihnen geschieht, in Kontakt. Und das, was in Ihnen geschieht, zeigt Ihnen, was für die Führung wichtig ist. Sie benutzen sich selbst als Instrument. Nicht nur als Quelle von Theorien und Modellen, sondern vor allem als lebendiger Resonanzboden mit Empathie, der sich mit der anderen Person verbindet und auf sie einstimmt. Die Forschung zeigt, dass es diese Art der Beratungsbeziehung ist, die sie effektiv macht. Bei dieser Art geht es um das Ausmaß, in dem eine echte emotionale Verbindung hergestellt wird.

Die Bedeutung von Nähe in der Beratungsbeziehung beruht auf dem Bedürfnis der Klientin nach Einstimmung. Einstimmung ist notwendig, um ein Gefühl der Sicherheit zu erlangen, dass es dem Klienten ermöglicht, innerlich zur Ruhe zu kommen und offen für neue Erfahrungen zu sein. Wenn diese neuen Erfahrungen zugelassen werden, entsteht Lernen. Und wenn Ihre Klientin lernen kann, öffnet sich ihr ein Tor zu einer neuen Zukunft.

In dem Konzept der professionellen Nähe geht es also um Ihre Bereitschaft und Fähigkeit, so präsent zu sein, dass Sie aus Ihren eigenen sicheren Basen heraus, die Sie hoffentlich für sich selbst haben, auch in der Beziehung zur Klientin eine sichere Basis sein können. Deshalb ist es nicht nur wichtig, ein klares Bild von den eigenen sicheren Basen zu haben und sie tatsächlich optimal zu nutzen, sondern auch den Klienten zu ermutigen, seine sicheren Basen zu kartieren und sich zu fragen, ob er sich von diesen Quellen ausreichend unterstützen und herausfordern lässt.

In der engen Begegnung mit uns selbst und miteinander entstehen heilende Kräfte, die helfen, dem, was uns aus der Bahn zu werfen drohte, einen Sinn zu geben. Die Begleitung von Menschen ist die Bereitschaft und Fähigkeit, einander nahe zu kommen, nahe zu sein und nahe zu bleiben. Besonders dann, wenn die Situation angespannt, schmerzhaft oder beängstigend ist. Wenn Sie Ihrem Klienten zeigen, dass Sie bereit sind, wirklich für ihn da zu sein, bedeutet dies den Unterschied zwischen Überleben – weil der Klient das Gefühl hat, letztlich ohnehin allein zu sein – und tiefem Leben, weil der Klient sieht: Im dunkelsten Moment meines Lebens war ich nicht allein. Es ist die Hoffnung, die zuletzt stirbt.

Jakob van Wielink ist Partner bei der Schule für Transition in Huissen (Niederlande) und Mitglied des Portland Institute for Loss and Transition. Er ist Mitglied der International Work Group on Death, Dying, and Bereavement.

Kontakt: jakob@deschoolvoortransitie.nl

Marnix Reijmerink ist Partner bei der Schule für Transition in Huissen (Niederlande). Er coacht Teams, Organisationen und deren Führungskräfte im In- und Ausland in ihrer (Führungs-)Entwicklung.

Kontakt: marnix@deschoolvoortransitie.nl

Leo Wilhelm ist Berater bei der Schule für Transition in Huissen (Niederlande). Er ist Trauerbegleiter, Autor und Coach und arbeitet als Führungskraft bei der Zentralregierung.

Kontakt: leo@deschoolvoortransitie.nl

Website: www.deschoolvoortransitie.nl

Literatur

Bowlby, J. (1988). A secure base. Parent-child attachment and healthy human development. London.

Perry, B. D.; Winfrey, O. (2021). What happened to you? Conversations on trauma, resilience, and healing. New York.

Wielink, J. van; Fiddelaers-Jaspers, R.; Wilhelm, L. (2023). The language of transition in leadership. Your calling as a leader in a world of change. New York.

Wielink, J. van; Wilhelm, L.; Van Geelen-Merks, D. (2019). Loss, grief, and attachment in life transitions. A clinician's guide to Secure Base Counseling. New York.

Hilfe in stürmischer See
Von spontaner Selbstsorge zur Gelassenheit

Christiane Pohl

Da sitze ich nun: betroffen davon, wie hart das Schicksal zuschlagen kann. Eine langjährige Klientin ist eben aus meiner philosophischen Praxis gegangen und ich stehe immer noch unter dem Eindruck ihrer Erzählung. Ihr Mann war verschwunden und erst nach Tagen der Angst und Verzweiflung überbrachte ihr die Polizei die Todesnachricht durch Suizid. Ich war sehr aufgewühlt, zumal ich den Mann auch persönlich kannte, aber ich bemühte mich um Beruhigung meiner selbst.

Welche Möglichkeiten zeigten sich mir? Was konnte mir helfen? Schauen wir einmal genauer auf die Möglichkeiten der Selbstsorge nach einer für uns schwierigen, belastenden Gesprächssituation.

Spontane Selbstsorge als Rettungsanker

Meiner Erfahrung nach gibt es, vereinfacht gesagt, zwei Ebenen der Selbstsorge: Blicken wir zunächst auf eine Form der Selbstsorge, die ich die *spontane Selbstsorge* nennen möchte. Darunter verstehe ich hier im Wesentlichen praktische Hilfen oder Soforthilfen, die am selben Tag oder zumindest in zeitlicher Nähe von uns selbst initiiert und durchführbar sind. Spontane Selbstsorge ist aus Erfahrungen entstanden, was in bestimmten Situationen erleichtert, beruhigt oder sogar heilsam ist. Sie kann sehr unterschiedliche Wege gehen: ein Telefonat mit einer Freundin zu ganz anderen Themen; sich in weitere Arbeit stürzen; durch die Stadt laufen; man könnte den Schreibtisch aufräumen und vieles andere. Nichts davon ist irgendwie abzuleh-

nen, weil es angeblich zu banal oder dem Anlass unserer Betroffenheit überhaupt nicht gemäß wäre. Es kann in einer belastenden Situation erst einmal unser Rettungsanker sein. Was uns hilft, unser seelisches Gleichgewicht wiederzuerlangen, sollten wir nach Möglichkeit tun und dabei natürlich auch die Grenzen kennen: Irgendwann räumen wir zu viel auf oder das Weiterarbeiten wird zur Betäubung. Auch sich professionelle Hilfe (zum Beispiel Intervision) zu holen, zähle ich zur spontanen Selbsthilfe, wenn sie in zeitlicher Nähe unterstützt.

In jedem Fall sind jedoch der reflektiert-achtsame Umgang mit sich selbst und das sensible Wahrnehmen von Unbehagen für die spontane Selbstsorge Vorbedingung. Dinge zu tun, die uns stabilisieren, ist unabdingbar für unsere weitere Arbeit und für unsere Gesundheit an Leib und Seele. Es genügt daher nicht, nur auf die heilsame Wirkung der vergehenden Zeit zu setzen, wenngleich natürlich auch Zeit für selbstheilende Kräfte eingeräumt werden sollte, denn nicht alles ist mit aktiver Selbstsorge machbar oder verfügbar.

Gelassenheit in stürmischer See

Neben der spontanen Selbstsorge möchte ich hier etwas näher auf die *charakterbildende Selbstsorge* oder – womit das Gleiche gemeint ist – die Selbstsorge der Persönlichkeitsentwicklung eingehen. Sie bietet uns weit mehr als der Rettungsanker, sie lässt uns in stürmischer See ruhig werden. Betrachten wir die charakterbildende Selbstsorge einmal unter dem Aspekt der Gelassenheit, denn es liegt nahe, dass Gelassenheit uns bei belastenden Gesprächen unterstützen kann, wenn

Leidfaden, Heft 3 / 2023, S. 8–11, ISSN (Printausgabe): 2192-1202, ISSN (online): 2196-8217, © 2023 Vandenhoeck & Ruprecht

sie Teil unserer charakterlichen Haltung geworden ist. In diesem Sinne ist Gelassenheit, um zu einem alten Begriff zu greifen, eine Tugend. »Wer diese Tugend besitzt, kann vieles bejahen, womit die anderen nur hadern können. (…) Die Gelassenen machen weder sich noch die anderen verrückt« (Seel 2011, S. 229). Gelassenheit führt zu einer inneren Stabilität, die auch Erschütterungen standhält. Nicht zuletzt durch eine starke Fähigkeit zur Akzeptanz des Gegebenen ist der gelassene Mensch besonnen und geduldig, Letzteres auch sich selbst gegenüber. Er kann der Angst, der Unsicherheit, dem Zweifel oder der Enttäuschung einen ruhigen Geist entgegensetzen. Belastende Gespräche können somit deutlich souveräner aufgefangen werden, als wenn alles ohne inneren Schutzschild auf die eigenen Emotionen trifft. »Zur Gelassenheit gehört (…) der *Blick von außen* auf die Dinge und Verhältnisse (…) Mit diesem Blick bewahrt sie die Distanz zur Unmittelbarkeit der Eindrücke, und seien sie noch so überwältigend, faszinierend oder deprimierend« (Schmid 1998, S. 394). Man bleibt

Ulrike Rastin

Herr im eigenen Haus, der innerste Kern unserer selbst bleibt unbeschädigt, weil man gelernt hat, ihn nicht in den Strudel der Verwirrnisse hineinziehen zu lassen.

Immer wieder begegnen uns Menschen mit der Ausstrahlung einer beeindruckenden Gelassenheit, welche es ihnen möglich macht, mit belastenden Situationen gut umzugehen. Aber wie ist es möglich, gelassener zu werden, wenn Gelassenheit uns nicht in die Wiege gelegt ist? Werfen wir dafür einen Blick auf Aristoteles, der genau dieser Frage nachgegangen ist.

Das bequeme Polster der Denkgewohnheiten

Für Aristoteles wird unser Charakter von unseren Denkgewohnheiten bestimmt, heute würde man meist von Denkmustern sprechen. Sie bieten uns ein ruhiges Polster, das wir ohne Anstrengungen immer wieder benutzen. Zwar hat unser Charakter bestimmte Grundfärbungen, beispielsweise neigt man zur Eifersucht oder zu melancholischen Betrachtungen, aber im Wesentlichen ist auch er das Ergebnis von Denkgewohnheiten, die meist lange Zeit unreflektiert bestehen. Das kann sich geradezu tragisch auswirken. Schon Aristoteles wusste, dass ungünstige Charaktereigenschaften zum Beispiel durch Kindheitserlebnisse entstehen können (vgl. Aristoteles 1969, S. 190, 1148b19). Aber – und das ist das Entscheidende – niemand ist sein Leben lang auf Eigenschaften oder Dispositionen festgelegt, die das Leben schwer machen. Denn die »Vorzüge des Charakters«, etwa in bestimmten Situationen gelassen bleiben zu können, »sind das Ergebnis von Gewöhnung. (…) Somit ist auch klar, daß keiner der Charaktervorzüge uns von Natur eingeboren ist. (…) Dem vollkommenen Zustande nähern wir uns dann durch Gewöhnung« (Aristoteles 1969, S. 34, 1103a14–33).

Man ist versucht, Aristoteles für einen Optimisten zu halten, denn wer erlangt einen vollkommenen Zustand – mal abgesehen davon, was wir darunter verstehen sollen? Bedeutsam ist hier

Ernst Ludwig Kirchner, Balkonszene, 1935 / akg-images

*Wenn Gelassenheit mit innerer Herzenswärme einher-
geht, kann es für die Gesprächspartner in aufwühlenden
Situationen klärend und beruhigend sein.*

jedoch, dass Aristoteles eine Tugendlehre entwickelt, um das Leben besser bewältigen zu können.
Die Tugenden bestehen in lebensfördernden und
stabilisierenden inneren Haltungen, die schließlich zu Denk- und Charaktergewohnheiten werden. Der Haltung der Gelassenheit kommt dabei
ein besonderer Stellenwert zu, aber es ist auch
klar, dass sie uns nicht einfach geschenkt wird.
Wir müssen etwas dafür tun (vgl. Aristoteles 1969,
S. 22, 1099b2–23).

Üben, üben, üben …

Wie kommt es, dass Gelassenheit für viele so
schwer zu erlangen ist? Aristoteles' Antwort: Weil
man sich nicht genügend um sie bemüht hat, sie

nicht genug eingeübt hat. Denn alltägliche Übung
ist angesagt, Selbstdisziplin und der klare Wille,
sich auf dieses Ziel auszurichten. Darin besteht
unsere Freiheit – ein Gedanke, der bis heute von
großer Bedeutung ist. Aber in welcher Weise sollen wir uns nun bemühen?

Zunächst einmal setzt das »Projekt«, jeden Tag
Gelassenheit in den verschiedensten Situationen
zu üben, eine hohe Achtsamkeit sich selbst gegenüber voraus. Sich »seiner selbst bewußt zu sein,
heißt also, sich des moralischen Zustandes bewußt zu sein, in dem man sich befindet« (Hadot 1999, S. 230). Ganz alltägliche Situationen von
der Kasse im Supermarkt bis hin zum Verkehrs-
chaos bieten uns reichliche Übungsplätze. Sehr
hilfreich ist es, persönliche »Handlungsprinzipi-

en dauerhaft ›bei der Hand‹ zu haben, wenn möglich in kurzen Sentenzen zusammengefaßt« (Hadot 1999, S. 280). Mich selbst stärkt immer wieder diese alte, beruhigende Weisheit: Ich muss nicht auf alles reagieren!

Die antiken Denker haben noch viele weitere praktische Empfehlungen ausgearbeitet, von denen hier nur eine besonders wesentliche noch erwähnt werden soll, nämlich die Überprüfung meiner Wertvorstellungen. »Denn den Dingen selbst ist nicht die Kraft gegeben, unsere Beurteilung zu erzwingen«, schreibt der römische Kaiser und Philosoph Marc Aurel (1954, S. 83). Aber oft verhalten wir uns so, als würden »die Dinge« bestimmte Werte von uns fordern, dabei sind es, wie gesehen, nur unsere Denkmuster (Denkgewohnheiten). Daher die Frage: Welche Werte machen es mir schwer, gelassen zu bleiben? Könnte ich nicht auch anders denken und beurteilen? Manchmal muss man tief graben, um Denkmuster in Bezug auf Werte zu erkennen, aber solange dies nicht für uns klar geworden ist, bleibt Gelassenheit nur ein ferner Traum. Es sind also die vielständige Wachsamkeit in Bezug auf unseren mentalen Zustand und die Ausrichtung auf eine bestimmte Haltung, die die Basis einer inneren Wandlung sind. Marc Aurel hat dies ganz im Sinne von Aristoteles wunderbar poetisch ausgedrückt: »Deine Seele wird so werden wie die Gedanken, denen du nachhängst; denn von den Gedanken erhält die Seele ihre Färbung« (Aurel 1954, S. 59).

Ja, hinter der Charakterschulung steht Arbeit, was nicht sehr verlockend klingt, aber gibt es tatsächlich einen anderen, leichteren Weg? Vermutlich nicht. Aristoteles hat aber an dieser Stelle auch Trost an der Hand: Er verspricht durch diese »Tätigkeit der Seele« (Aristoteles 1969, S. 30, 1102a13–b2) nichts weniger als »Glück«, das heißt ein erfülltes Leben und weniger Bedrängnis und Leid. Es geht bei unseren Bemühungen, so die antike Weisheit, sogar um »die Schönheit unserer Seele« (Hadot 1999, S. 280). Welch ein Schatz, den man sich selbst erwerben kann!

Gelassenheit mit Herzenswärme

Aber kann es nicht sein, dass das Üben in der Gelassenheit unser Mitgefühl beeinträchtigt oder sogar eine gewisse Kälte ausstrahlt? Ich meine, dass eher das Gegenteil der Fall ist. Der in Gelassenheit erfahrene Mensch weiß, dass Unglück, Krisen und Scheitern in jedem menschlichen Lebenslauf auftauchen, aber er weiß auch die Macht äußerer Geschehnisse auf seinen mentalen Zustand zu begrenzen. Genau dies kann sich in einem guten Gespräch zeigen und einen Raum für Entspannung oder Stabilität gewähren. Wenn Gelassenheit mit innerer Herzenswärme einhergeht, kann es für die Gesprächspartner in aufwühlenden Situationen klärend und beruhigend sein. Zuweilen ist das Bewahren von eigener Gelassenheit die Basis dafür, dass unsere Gesprächspartner überhaupt Worte finden können. Aber wie sah es denn bei mir selbst nach dem aufwühlenden Gespräch mit der Klientin aus? Tatsächlich brauchte ich etwas aus dem Reservoir der spontanen Selbstsorge: Ich räumte meinen Schreitisch auf. Aber ich war auch froh, dass ich daneben mich auf das besinnen konnte, was mich seit Jahren begleitet und mir Kraft und Schutz gibt, meine philosophische Praxis zu führen: mein Bemühen um Gelassenheit.

 Dr. **Christiane Pohl** ist Philosophin, lebt in Hamburg und führt dort eine Philosophische Praxis. Dazu gehören Seminare und Vorträge, aber das Herzstück ihrer Arbeit besteht in Gesprächen mit Menschen in schwierigen existenziellen Situationen. Philosophisches Denken verbindet sie mit dem praktischen Leben, um so neue Sichtweisen und geistig-seelische Weite zu erlangen.

Kontakt: Philopohl@t-online.de

Literatur
Aristoteles (1969). Nikomachische Ethik. Stuttgart.
Aurel, M. (1954). Selbstbetrachtungen. Leipzig.
Hadot, P. (1999). Wege zur Weisheit oder Was lehrt uns die antike Philosophie? Frankfurt a. M.
Schmid, W. (1998). Philosophie der Lebenskunst. Eine Grundlegung. Frankfurt a. M.
Seel, M. (2011). 111 Tugenden 111 Laster. Eine philosophische Revue. Frankfurt a. M.

Altruismus und Selbstsorge – eine kritische Betrachtung

Monika Müller

Das Missverständnis eines Begriffs

Schauen wir zunächst auf die Wortbedeutung des Begriffs *Altruismus:* »alter« bedeutet im Lateinischen »der andere«, somit meint Altruismus die deutliche Bezogenheit auf den anderen, das Gegenüber und somit – laut Wikipedia – in der Alltagssprache die »Uneigennützigkeit, Selbstlosigkeit, durch Rücksicht auf andere gekennzeichnete Denk- und Handlungsweise (…) Der Begriff ist nach seinem ›Schöpfer‹ Auguste Comte ein Gegenbegriff zu Egoismus und umfasse demnach eine absichtliche Verhaltensweise, die einem Individuum zugunsten eines anderen Individuums mehr Kosten als Nutzen einbringe.«

An anderer Stelle wird Altruismus verstanden als *vollkommen selbstloser* Einsatz für andere, ohne einen eigenen Nutzen davon zu haben. Diese These möchte ich als Erstes hinterfragen. Gibt es nicht auch im Handeln für den anderen immer einen Gewinn? Einen noch so kleinen Eigennutzen?

Eine weit verbreitete Vorstellung ist zum Beispiel, dass ehrenamtlich Mitarbeitende in Hospiz und Palliative Care ihre Tätigkeit ausschließlich zugunsten der sterbenden und trauernden Menschen in Hingabe ausüben und deshalb dafür große Bewunderung ernten. In einer europäischen Studie zur Motivation der Menschen am Beginn einer ehrenamtlichen Tätigkeit im Palliativ- oder Hospizbereich (Pabst 2019) gaben mehr als die Hälfte der Befragten ungeschminkte Antworten. Darin wird eine einseitige Heroisierung deutlich geerdet. Ihren Nutzen beschrieben sie wie folgt:

- Voraussetzung, um an einer anderen Aktivität teilnehmen zu dürfen.
- Sich bei Familie, Freunden und der Gesellschaft positiver darstellen.
- Schönes Hobby.
- Menschen neigen dazu, Ehrenamtliche positiv zu sehen.
- Aufmerksamkeit, die man durch die ehrenamtliche Tätigkeit bekommt.
- Im medizinischen Bereich arbeiten. Hilfe beim Erreichen zukünftiger Ziele.
- Spannende, interessante Arbeit.
- Einen Fuß in die Tür kriegen für eine potenzielle Anstellung.
- Erfahrung im Bereich eines »helfenden Berufs« sammeln.
- Sich auf andere konzentrieren, anstatt auf sich selbst.
- Sich besser fühlen. Ich liebe das dankbare Lächeln des Patienten, der Patientin. Dann fühle ich mich gut und warm im Inneren.
- Das Gefühl mögen, gebraucht zu werden.
- Freude darüber, etwas Sinnvolles mit der eigenen Zeit anzufangen.
- Anderen Leuten begegnen.

Mehr als 30 Prozent sprechen von Erfüllung und sogar Genuss in ihrem Tun.

Leidfaden, Heft 3/2023, S. 12–14, ISSN (Printausgabe): 2192-1202, ISSN (online): 2196-8217, © 2023 Vandenhoeck & Ruprecht

Persönlicher Gewinn ist kein Makel

Es ist nichts Unrühmliches, einen Gewinn im Tun für andere zu haben, aber es wird hilfreich sein, mit diesem Eigennutzen in Kontakt zu sein. Diese ehrliche Anerkenntnis auch anderer Motive als nur der Nächstenliebe zähle ich zu einem wesentlichen Faktor der so genannten Selbstsorge und sie wird vermutlich ein Ausbrennen in diesem Tun verhindern. Auch wird der kranke Mensch diesen Beitrag leichter annehmen können und sich nicht in schamvollem Dank als gering und mitleidsbedürftig erleben müssen.

Einen anderen Nutzen des vermeintlich nur altruistischen Tuns möchte ich benennen. Bei Erleben von Not, bei manchem Anblick von Leid wird es beim Betrachter den Gedanken und das Gefühl einer Art Dankbarkeit geben, dass er es nicht selbst ist, der dies durchstehen muss. Diese (vorläufige) Davongekommenseins-Freude verschafft ein leises Wohlgefühl, das durchaus neben dem Mitgefühl für die Betroffenen existieren darf und an dem nicht Schädliches sein muss. Wichtig ist, dass sich mit und in dieser Freude kein Überlegenheitsgefühl einnistet, das die Leidenden entwerten könnte, weil der Begleiter für seine gute Lebensqualität und Zufriedenheit den Schmerz der anderen brauchte, sozusagen sein Mütchen an ihm kühlt. »Glück erblüht aus der Betrachtung fremden Elends« nennt das der französische Schriftsteller Ambrose Bierce (1911); dieses Extrem wäre eine fatale Entwicklung des oben beschriebenen Frohseins.

Die Einseitigkeitsgefahr von Selbstsorge

Ein Großteil unseres Leides, was wir auf der Welt empfinden, geschieht durch die Wahrnehmung unseres vermeintlichen Getrenntseins von »den anderen« und der Vorstellung unseres Ichs als dem Nabel der Welt und dem Maß aller Dinge. Die Kultur, in der wir uns befinden, unterstützt dieses Denken. Alles, was mit Selbstpflege, Selbstliebe und Selbstdarstellung zu tun hat, scheint von Wert. Längst ist das Ich eine Großbaustelle, auf der laufend gearbeitet und angefertigt wird. Der Einzelne versucht, sich selbst und seine Werte zu optimieren, um im Wettbewerb durch Besonderheit aufzufallen. Das Gebot von Selbstliebe und Selbstsorge läuft Gefahr, in manchen ein schädliches narzisstisches Potenzial in Gang zu setzen. Aus Idealen, besonders dem der Selbstverwirklichung, sind unmerklich Zwänge geworden. Fortbildungsinstitute schreiben Selbsterfahrungsseminare mit verschiedensten Methoden aus, die das Ziel verfolgen, zu mehr Einsicht in sein eigenes Wesen und Stärkung seines sogenannten Selbst zu kommen. Stellenausschreibungen wünschen persönliche und berufliche Selbstsicherheit und Selbststärke.

Wir verstehen dieses Ich als etwas Dauerndes, Statisches, Unveränderliches und Wahres mit einer eigenständigen Existenz, aus dem heraus wir uns als das Eigentliche und Wesentliche definieren. Die Mitmenschen und übrigen Wesen setzen wir uns als »die anderen« gegenüber, die anders sind als wir Seienden. Diese Gedanken produzieren ein »mir« und »mein« – daraus erwachsen möglicherweise Stolz, Selbstgefälligkeit, Besitzwünsche, Anhaftungen und Eigensüchteleien.

Fritz Perls, der Begründer der Gestalttherapie, ist an der egozentrierten Auswirkung therapeutischer Ziele und Prozesse nicht unschuldig mit seinem sogenannten »Gestaltgebet« (Perls 1969/2002): *Ich mache mein Ding und du machst dein Ding. Ich bin nicht auf dieser Welt, um deinen Erwartungen gerecht zu werden, und du bist nicht auf dieser Welt, um meinen gerecht zu werden. Du bist du, und ich bin ich, und wenn wir bei Gelegenheit zueinander finden, ist das wunderbar.*

Natürlich hat Perls Recht, dass zu viele Menschen gerade in ihren engsten Beziehungen ein dem Ich entfremdetes Leben, weil das des anderen, führen. Dies kann in unserem hospizlichen Kontext so weit gehen, dass die von uns betreuten Personen manches Mal dasjenige Sterben glauben

kawephoto / Shutterstock

vollziehen zu müssen, welches sich ihre Begleiterinnen und Behandler für sich selbst wünschen, oder dass Trauernde sich exakt so verhalten, wie ihre Umwelt es erwartet oder gestattet. Dies aber vergrößert das Leiden.

Aber »ich bin ich und du bist du« ist in dieser apodiktischen Form ein großes Missverständnis und führt zu einer Art sozialem und auch spirituellem Autismus.

Paradoxerweise kann das gemeingermanische Demonstrativpronomen (althochdeutsch »selb«) nicht für sich allein stehen, nur im Verschmelzen oder Zusammenrücken mit anderen Pronomen oder Artikeln (derselbe, im selben) – wie weise Sprache doch ist! Und das Martin Buber'sche Axiom, dass der Mensch erst am Du zum Ich wird, hat eine weiterführende Weisheit.

Nächstenliebe, Selbstliebe, Selbstsorge

… halte ich für schwierige Begriffe, weil sie aus einem frühen Kontext inhaltlich besetzt sind. Den Nächsten lieben wie sich selbst – große Worte und somit ein nicht einfaches biblisches Gebot. Nach verbreitetem Verständnis ist Liebe ein tiefes Gefühl, mit der Haltung inniger und tiefer Verbundenheit exklusiv zu einer Person, eine Bezeichnung für die stärkste Form der Hinwendung zu einem anderen. Weder anderen noch sich selbst kann ein solches Gefühl durchgehend und auf Dauer entgegengebracht werden.

Im Begriff »Sorge« klingt die »Besorgnis« mit. Es kann zu einem innerlichen Besorgt- oder Be-ängstigtsein um das eigene Wohlergehen oder zu strengen Vermeidensversuchen von zu Krankheit oder Leid führenden Faktoren kommen. Dabei handelt es sich um eine Aufmerksamkeitsverschiebung auf Befürchtungen und mögliche negative Folgen.

Selbst-Ver-Sorgung

Für andere da sein, das heißt, sie zu sehen, zu hören und zu unterstützen und doch auf sich selbst bezogen zu bleiben, ist die ausbalancierende Kunst in der Begleitung. Neben dem Tun für andere sind auch die eigenen Bedürfnisse wahr- und ernst zu nehmen, wird Begleitung die Interessen und Wünsche an das eigene Leben nicht im Kontakt mit den Klientinnen und Klienten stillen und deren Not und Schwäche nicht für das eigene Wohlergehen (aus-)nutzen.

Monika Müller, M. A., war Leiterin von ALPHA Rheinland, der Ansprechstelle in NRW zur Palliativversorgung, Hospizarbeit und Angehörigenbegleitung mit Sitz in Bonn. Sie ist Dozentin und Supervisorin im Bereich Trauerbegleitung und Spiritual Care.

Kontakt: vr-leidfaden@monikamueller.com

Literatur

Bierce, A. (1911/1986). Des Teufels Wörterbuch. Zürich.
Pabst, K. H. (2019). Die Rolle und Motivation Ehrenamtlicher in der Hospizarbeit und Palliativmedizin in Europa. Dissertation Universität Bonn.
Perls, F. (1969/2002). Gestalt-Therapie in Aktion. 9. Auflage. Stuttgart.
Wikipedia »Altruismus«. https://de.wikipedia.org/wiki/Altruismus (Zugriff am 30.04.2023).

Selbstüberraschungsfähigkeit – der Zugang zum Unerhörten

Rainer Zech

Es gibt eine kleine Geschichte über den Physiker und Philosophen Ernst Mach, die Bernhard Waldenfels erzählt (2012, S. 32): Ernst Mach steigt in einen Bus ein und sieht aus den Augenwinkeln neben sich einen weiteren Reisenden einsteigen. »Was ist das bloß für ein heruntergekommener Schulmeister«, denkt er bei sich, bis ihm zu seiner Überraschung gewahr wurde, dass er sich selbst im Spiegel der Bustür gesehen hatte. Er sah sich als einen anderen, dessen Abbild in dem Moment nicht mit seinem Selbstbild korrespondierte – daher das Moment der Selbstüberraschung. Ob Herr Mach daraus Konsequenzen bezüglich seiner äußeren Erscheinung gezogen hat, ist nicht überliefert.

Theorie und Erfahrung haben ihre Tücken

Professionalität entsteht aus der Kombination von theoretischer Analysefähigkeit und praktischer Erfahrung, wobei uns die doppelte Bedeutung des Erfahrungsbegriffs bewusst sein muss. Wir sprechen einerseits in der Wissenschaft von Erfahrungswissen, womit ein experimenteller Forschungszugang zur Realität gemeint ist, und andererseits von so etwas wie Lebenserfahrung, die sich mit der Zeit und weitgehend unbewusst im Individuum ansammelt. Ob Letztere als eine zuverlässige Grundlage für einen professionellen Weltzugang angesehen werden kann, ist allerdings zweifelhaft, beruht sie doch auf zu vielen situationalen Zufällen und subjektiven Einschätzungen. Dass Erfahrung klug macht, ist bei den Alltagserfahrungen also ganz und gar nicht gesichert. Sie kann auch dumm machen, weil un-

reflektierte Erfahrung gesättigt ist mit Konventionalität und impliziter Moral. Sich auf seine Erfahrung zu verlassen, kann daher den Blick auf die Welt verengen und die analytische Kompetenz, als zweite Seite der Professionalität, einschränken. Je mehr man dann glaubt, schon Bescheid zu wissen und alles gesehen zu haben, weil man ja schon so und so lange gelebt und praktiziert hat, desto enger wird der eigene Blick.

Auf der Seite der Theorie lauern allerdings ebenfalls Gefahren. Wir lernen mit dem Kopf, und da bleiben die angelesenen Informationen auch meistens stecken; sie werden nicht als veränderte Handlungsfähigkeit verleiblicht. Als Wissen gelten allerdings erst Informationen, wenn sie Teil von uns selbst und damit handlungsrelevant geworden sind. Die Erfahrung, dass einem die angelesenen Kenntnisse des Studiums im späteren Beruf nicht helfen, haben viele Generationen von Studierenden gemacht. Es waren eben keine Erkenntnisse. Das führt in vielen Fällen bei Praktikerinnen und Praktikern dazu, dass sie nach ihrem Studium kein theoretisches Buch mehr lesen – außer vielleicht Methodenliteratur, aber Methoden ersetzen keine Theorie. Also ist auch Theorie nicht ohne Weiteres gut, sie kann auch hinderlich sein, wenn es sich um äußerlich gebliebene Kenntnisse handelt, das heißt solche, die nicht im Durchgang durch das Subjekt verinnerlicht wurden. Es ist doch bezeichnend, dass wir beim schulischen Lernen oft von auswendig lernen sprechen; das Gelernte bleibt eben draußen, ist nicht Teil des Lernenden geworden.

Nun ist unser Bildungssystem, wie es ist. Wir haben es in der Regel durchlitten, und nicht selten haben wir die nachhaltigsten Lernerfahrun-

Leidfaden, Heft 3 / 2023, S. 15–19, ISSN (Printausgabe): 2192-1202, ISSN (online): 2196-8217, © 2023 Vandenhoeck & Ruprecht

gen, an die wir uns erinnern, gegen das System gemacht. Und für viele ist der Spaß am Lernen durch die Schule bereits ausgetrieben worden, bevor das Leben, für das wir doch dort angeblich lernen, überhaupt richtig begonnen hat. Die Aufgabe besteht jetzt darin, sich immer wieder von seiner eigenen theoretischen und erfahrungspraktischen Verdummung freizumachen. Aber auch auf den gesunden Menschenverstand ist kein Verlass, verdoppelt er doch in der Regel nur, was uns durch gesellschaftliche Konventionen und Moden ideologisch nahegelegt wird. Wir müssen daher lernen, beim Lernen auch gegen uns selbst zu lernen.

Wir glauben, gut Bescheid zu wissen; wir haben gelernt, unsere Erfahrungen gemacht, einen manchmal schmerzhaften Preis dafür bezahlt. Jetzt stehen wir unseren Mann oder unsere Frau, kommen mit dem Leben zurecht, haben Erfolg, der bestätigt, dass wir Recht haben. So geht es weiter – ein sich selbst verstärkender Prozess. Was dabei durchs Raster fällt, kriegen wir nicht mehr mit. Oder es langweilt uns, weil wir es für unwichtig halten. Es entgeht unseren Erfahrungsmustern, die wir mühsam erworben haben, um Ordnung in die überwältigende und verwirrende Vielfalt der Welt zu bringen. Auf der Basis unserer Erfahrungen haben wir gelernt, die Welt zu verstehen. Wir glauben dann, Ursachen und Gründe zu erkennen, die bisher Unverstandenes verständlich machen. Auf der Basis unserer Erfahrungen bilden wir Erklärungsmuster, die dann für die Interpretation neuer Wahrnehmungen zur Verfügung stehen. Das Neue wird so ins Alte eingeordnet – und verliert im scheinbaren Verstehen seinen Reiz als Neues. Das ist die Crux: Unsere Erfahrungen machen uns zugleich handlungsfähiger und blind.

Aber ohne sie geht es auch nicht

Ohne analytische Theorie und reflektierte Erfahrung also keine wirkliche Professionalität. Aber auch das reicht meines Erachtens noch nicht. Erfahrung beginnt nicht mit dem ersten Eindruck, sondern damit, dass man wiederkehrende Ereignisse als dieselben wahrnimmt und daraus seine Schlüsse zieht. Die Schlüsse sind dann theoretischer Art und hängen maßgeblich davon ab, was für eine Theorie man anwendet. Es ist darüber hinaus bekannt, dass bereits unsere Wahrnehmungskategorien theorieabhängig sind. Es gibt keine theorie- und kontextfreien Daten. Haben wir keine bewusste Theorie, dann haben wir die schlechteste – eine selbstgebastelte, meist unbewusste Alltagstheorie. Wir sehen in der überkomplexen Realität vor allem, was wir wissen. Dabei ist es auffällig, dass die, die wenig wissen, von ihren Meinungen am meisten überzeugt sind. Es ist also für unsere Professionalität hochbedeutsam, wie erfahrungsoffen wir an die Realität herangehen und mit welcher Theorie wir dann unsere praktischen Erfahrungen aufarbeiten und reflektieren.

In unserer professionellen Arbeit geht es vor allem darum, das wahrzunehmen und zu bedenken, was in der Gefahr steht, durch das Raster unserer theoretischen Beobachtungskategorien und unserer bisherigen Erfahrungsmuster zu rutschen. Vielleicht kommt Vernunft ja von vernehmen, und wir müssten wieder lernen, neu hinzusehen, hinzuhören, hinzuriechen, hinzuschmecken, hinzufassen – wie ein Kind. Wer will das schon als Erwachsener? Wir müssen uns wie Ernst Mach von außen als einen anderen betrachten, mit uns, wie wir geworden sind, fremdeln, um so noch mal einen neuen Blick auf uns selbst zu werfen. Wir müssen wieder unsicher werden, also nicht nur gegen uns selbst lernen, sondern auch gegen uns selbst wahrnehmen. Es geht darum, das Alleralltäglichste, das schon tausend Mal Gehörte, das als unbedeutend Übersehene wieder als neu und überraschend wahrzunehmen. Im Grunde sei einzig das Flüchtige, das Übersehene, das Überhörte von Interesse, meint François Jullien (2022, S. 140), denn von dem, was bereits in unsere Register eingeordnet ist, haben wir nichts anderes zu erwarten als ein weiteres Wiederkäuen.

Da hilft nur Selbstüberraschung

Stattdessen geht es um ein unverstelltes Aufnehmen des Erscheinenden ohne Interpretation und vorschnelle Einordnung. Wir treten der Welt in allen ihren Formen zunächst einmal offen, sensibel wahrnehmend und fühlend gegenüber und versuchen, indem wir nicht die Welt an uns, sondern uns an die Welt assimilieren, herauszufinden, was das Wahrgenommene in seinem Eigen-

recht ist. Es geht darum, die Zwischentöne zu hören, die im rationalen Weltkontakt untergehen. Den Verstand mit seiner Theorie heben wir uns in diesem Moment für später auf, wenn wir aus dem Abstand darüber nach-denken. Bei diesem Neu-Wahrnehmen des scheinbar Alt-Bekannten und dem Neu-Bedenken des schon zu oft Gedachten hilft, wenn man die Fähigkeit zur Selbstüberraschung (Fuchs und Mahler 2000) erworben hat. Dazu ist es notwendig, unserem stolzen identi-

Paul Klee: Mit dem Adler, 1918 / akg-images / Album / Oronoz

Es geht darum, das Alleralltäglichste,
das schon tausend Mal Gehörte,
das als unbedeutend Übersehene
wieder als neu und überraschend wahrzunehmen.

schen Ich weniger Gewicht zu verleihen. Man kann das auch Demut nennen. Es erfordert Mut, von den eigenen Orientierungen und Erzählungen zurückzutreten und sich selbst anders und eventuell verstörend wahrzunehmen. Aber das Risiko wird belohnt durch die Erweiterung der eigenen Weltsicht, wodurch sich neue Entwicklungsmöglichkeiten erschließen.

Was die Selbstüberraschungsfähigkeit auszeichnet, sind Erwartungsmuster, die offen sind für Neues, Überraschendes. Ganz ohne Erwartungsmuster beziehungsweise Wahrnehmungsschemata können wir überhaupt nicht beobachten, wie psychologische, aber auch ethnologische Untersuchungen zeigen. Zur Herausbildung für Neues offener Beobachtungsschemata könnte es hilfreich sein, wenn man sich von einer fixen Identitätsvorstellung bezogen auf das eigene Ich verabschiedet. Darüber hinaus hilft zur selbstüberraschenden Realitätsbeobachtung:

- Achtsamkeit für den eigenen geistigen und leiblichen Zustand sowie Aufmerksamkeit für auch kleinste Unterschiede in unserer Umwelt.
- Beachtung von auch minimalen Abweichungen vom Bisherigen, wo sich Neues oder bisher Übersehenes am ehesten zeigt.
- Verzicht auf vorschnelle Interpretationen; und wenn sich Hypothesen schon aufdrängen, dann hilft es, gegen sie und nicht mit ihnen zu beobachten. Wenn eine Hypothese zutrifft, wird sie diesen systematischen Zweifel vertragen. Wenn sie falsch ist, dann umso besser, wenn man sie so schnell wie möglich loswird, damit sie die nötige Offenheit in der Wahrnehmung des anderen nicht behindert.
- Zweifel an unserem bisherigen theoretischen Wissen, weil es unsere Wahrnehmungen tunnelt. Potenz zeigt sich vor allem in dem, was wir nicht oder noch nicht wissen, wenn diese Erkenntnis dazu führt, unser Wissen durch Lernen ständig zu erweitern.

Gelänge uns so dieser Zugang zum Unerhörten, es wäre eine unschätzbare Ressource unseres Lebens. Wir wären wieder aufmerksam für das, was uns im Alltag entgeht. Wir würden achtsamer mit den Dingen umgehen, die uns umgeben. Wir könnten Menschen einfach zuhören, ohne das Gesagte oder sogar sie selbst gleich einzuordnen. Wir bekämen einen neuen Zugang zu uns selbst, zu unserem eigenen Abweichenden. Fremdem und Fremden gegenüber wären wir toleranter, aufgeschlossener, interessierter. Wir wären gastfreundlicher. Wir wären sensibler gegenüber Leid in jeder Form – bei Menschen, Tieren und sogar bei Pflanzen, denn neuste Forschungsergebnisse legen nahe, dass auch diese eine unserem Schmerzempfinden analoge Reaktion auf Verletzungen zeigen. Wir wüssten das Wunder des Lebens wieder wertzuschätzen und könnten vorbehaltlos das Sein genießen. Wir wären vielleicht verletzlicher, aber wieder offen für die unendliche Vielfalt, die das Leben bietet.

Prof. Dr. **Rainer Zech,** Sozial- und Geisteswissenschaftler, Studium der Kunst, Literatur, Religionswissenschaft, Pädagogik, Psychologie und Soziologie, Geschäftsführer der ArtSet® Forschung Bildung Beratung GmbH, Forschung, Publikationen zu den Themen Organisation, Management, Arbeit, Qualität, Bildung und Beratung.
Kontakt: zech@artset.de

Literatur

Jullien, F. (2022). Existierend Leben. Eine neue Ethik. Berlin.
Fuchs, P.; Mahler, E. (2000). Form und Funktion von Beratung. In: Soziale Systeme, 6, 2, S. 349–368.
Waldenfels, B. (2021). Das leibliche Selbst. Vorlesungen zur Phänomenologie des Leibes. 8. Auflage. Frankfurt a. M.

Keine Einbahnstraße
Von der Gegenseitigkeit in Begegnungen

Matthias Schnegg

Als der Vater zu mir kommt, weil sein jugendlicher Sohn durch einen tragischen Unfall ums Leben gekommen ist, da wusste ich nicht, wie es sich anfühlt, wenn man seinen Sohn auf diese Weise verliert.

Als eine Frau berichtet, dass sie als Kleinkind den ganzen Tag in einem Gitterbettchen aushalten musste, bis am Abend jemand wieder nach Hause kann, da ahnte ich, was das bedeutete. Ich kannte jedoch auch dieses Schicksal nicht.

Als ich in einem Psychodramaspiel einen Protagonisten in der Begegnung mit seiner Panik erlebte, da kannte ich mich aus eigener Erfahrung aus – und war dennoch nicht identisch mit ihm.

Begleitende sind beteiligt

In allen hier anklingenden Beispielen geht es um Begegnung, in der ich beteiligt bin. Professionell beteiligt, denn ich stehe im Dienst derer, die sich mit ihren Anliegen mir anvertrauen. Persönlich beteiligt, denn die Schicksale der zu Begleitenden gehen nicht spurlos an mir vorüber. Professionell habe ich Übertragungen und Gegenübertragungen mitzudenken – und kann mich dennoch nicht aseptisch im Kokon einer Unberührbarkeit sichern.

Lernen aus Mitteilung von Erfahrung

Oft ist es ein Lernen an den Erfahrungen, die die anderen mir mitteilen, Erfahrungen, die ich mir bestenfalls theoretisch vorstellen, in die ich mich zu einem gewissen Grad auch in kognitiver Empathie einfühlen kann. In ihrer letzten Konsequenz verschließen sie sich mir, da ich sie nicht selbst durchleben musste. Ich ahne, wie bodenlos und untröstlich einem Vater zumute ist, der seinen Sohn von einem Augenblick zum anderen verloren hat. Ich kann mir vorstellen, wie entmutigt und bleibend verschüchtert ein junges Leben ist, das in seinem natürlichen Drang der Weltentdeckung unterdrückt wurde. Aber ich habe all das nicht erleiden müssen. Diese Begegnungen mit dem Nicht-selbst-Erlebten lassen mich in die Schule des Erfahrenlernens gehen.

Mit großem Respekt erweitert sich mein Horizont in dem, was beim Menschen vorkommen kann. Das lässt fast wie von selbst die Sicherheit schrumpfen, ein schnelles moralisierendes, womöglich abwertendes Urteil zu fällen. Ich lerne immer mehr, wie breit angelegt die Möglichkeit ist, ein Mensch zu sein. Mir begegnen belebende, mir bis dahin unzugängliche Möglichkeiten, Leben freudig bejahend zu genießen und zu feiern; und mir begegnen Abgründe, vor denen ich zutiefst erschrecke.

Weltanschaulicher Horizont

Therapeutisches – auch seelsorgliches – Handeln braucht eine weltanschauliche Basis, von der aus diese Spannbreite an Lebensgestaltungen auszuhalten ist, nicht selten bis zur unauflösbaren Paradoxie von Lebenswirklichkeiten. Die Schule der Mitteilung von so umfangreichen und teils gegensätzlichen Erfahrungen lässt demütig werden. Mich trägt die weltanschauliche Vorstellung, dass es etwas uns Menschen Urverbindendes gibt. Ich versuche das in aller tastenden Hochachtung

Leidfaden, Heft 3 / 2023, S. 20–22, ISSN (Printausgabe): 2192-1202, ISSN (online): 2196-8217, © 2023 Vandenhoeck & Ruprecht

Begegnungen bekräftigen, was an Erfahrungen bereits in mir wohnt; Begegnungen bereichern, was mir an mit mir geteilten Erfahrungen bisher verborgen blieb.

mit dem großen Wort der Ur-Liebe zu beschreiben. Aus dieser Perspektive ist es mir am ehesten möglich, auch mir völlig fremde Wirklichkeit aufnehmen zu können.

Das Mitgehen im Psychodrama

Und wenn – wie im Spiel auf der Psychodramabühne – das eigene Erleben aus der Schutzhülle des Professionellen gelockt wird, dann hilft mir, meine Einfühlungsfähigkeit in den Dienst etwa der Hauptfigur auf der Bühne, des Protagonisten,

zu stellen. Weil ich weiß, wie Panik von den Füßen hinaufkrabbelt, das Atmen einengt, das Kopfkino vom gleich Totumfallen in trudelndem Tempo abläuft und dann erschöpfende Lähmung nach überstandener Attacke folgen lässt, kann ich aus dieser Erfahrung leichter dem Protagonisten in vergleichbarer Thematik Hilfestellung geben.

Das Psychodrama kennt die Methode des Doppelns, die Einfühlung in die innere Bewegung des Protagonisten. Mitglieder der Gruppe sind eingeladen, an der Seite der Protagonistin ihrer eigenen Einfühlung in die innere Situation der Darstellerin Stimme zu geben. Sie stellen sich neben die Protagonistin und bieten mit ihrer Wahrnehmung eine Bekräftigung, ein Verständnis, vielleicht auch eine Infragestellung an. Dabei kommt es vor, dass die Einfühlung des Gruppenmitglieds das Empfinden des Protagonisten nicht trifft. Das ist aber kein Fehler, sondern kann zur Hilfe werden, in eine umso tiefere Einfühlung, ein besseres Verstehen des Protagonisten zu finden.

Professionelle Grenze

Die professionelle Abgrenzung zum Thema der Protagonistin behält bei aller denkbaren intensiven Identifizierung ihre Bedeutung. Als Begleitender oder ein Drama Leitender stehe ich im Dienst der anderen. Was mich selbst wiederberührt hat, das mag ich getrost vor mir selbst oder in Supervision oder Therapie anschauen.

Demütige Scheu

Mit zunehmenden Erfahrungen – sowohl der Eigenwahrnehmung wie derer aus Begleitungen – wird mir die persönliche Berührbarkeit immer sensibler. Der Schatz der angesammelten Erfahrungen lässt so viel in Mitmenschen ahnen oder verstehen, dass das Maß des persönlich Mittragbaren schneller voll sein kann. In meinen nun älteren Jahren mag ich mich eher zurückhaltender dieser Fülle an Menschsein aussetzen. Das Mitgehen in dem sich Öffnen von Empfindungen und Einsichten erfordert viel eigene Konzentration und Durchlässigkeit der Empathie. Das gilt vor allem, wenn – wie im psychodramatischen Arbeiten – ein Gruppengeschehen angeleitet und begleitet wird. Da ist viel Menschsein im Raum.

Ich habe auch im Laufe der vielen Jahre der Begleitung gemerkt, wie ich zurückhaltender in provokanter, lockender Intervention geworden bin. Es ist zu heilig, zu verletzlich, zu großartig, was im Menschen ist.

In jüngeren Jahren hat es mich angespornt, wenn jemand beim Erwärmen in eine Rolle oder beim Doppeln einer Protagonistin staunend feststellte: »Du kannst in Worte fassen, was ich so nicht hätte sagen können. Aber es ist ganz genau das, was ich – noch unbewusst – erlebe.« Heute ist mir diese Fähigkeit weiter kostbar. Sie bricht weniger kraftvoll auf. Es ist mehr an Respekt vor dem Vertrauen, das Menschen sich so vor mir und der Gruppe zeigen.

Keine Einbahnstraße

Begegnungen und Begleitungen sind keine Einbahnstraße. Das sage ich öfter, wenn Menschen sich nach einer Begegnung bedanken: »Ich danke sehr für Ihre Zeit. Ich danke für Ihre Geduld, Ihr Mitgehen. Es hat mir gutgetan, macht mich wenigstens jetzt freier, lässt mich hoffen …« Dann danke auch ich, denn ich weiß, wie kostbar das Vertrauen ist, das mir als Begleitendem geschenkt wird, und wie sensibel heilig oft das mir Anvertraute. Begegnungen bekräftigen, was an Erfahrungen bereits in mir wohnt; Begegnungen bereichern, was mir an mit mir geteilten Erfahrungen bisher verborgen blieb.

Was Menschen befähigt, einander hilfreich zu sein, ist das, was zwischen ihnen ist, das Inter-esse. Das nährt sich aus dem Urverbindenden, der Liebe, die im Ursprung des Seins west. Dass dieser Ursprung eben auch dem Leid, der Vergänglichkeit, dem Verlust und der Trauer ausgesetzt ist, das befähigt uns, starke und zugleich bedürftige Begleitende zu sein – im Ahnen oder Wissen, dass wir stetig aneinander lernen dürfen und können. Daher sind für mich Begleitbegegnungen niemals eine Einbahnstraße. Wir sind einander Vorausgehende.

 Matthias Schnegg, Pfarrer i. R., war lange Jahre Seelsorger zweier Kölner Altstadtkirchen, ist Mitgründer des Hospizes in Frechen e. V., Dozent im Kontext Palliativ und Hospiz, Psychodramaleiter. Kontakt: matthias.schnegg@koeln.de

Aufbruch in die Stille

Petra Altmann

Wieder einmal klingelt das Handy. Kurz danach weist uns ein Ton darauf hin, dass eine Mail auf dem Smartphone einging, oder ist es vielleicht eine Nachricht über WhatsApp? Es wäre auch an der Zeit, mal wieder einen Kommentar via Twitter abzusetzen. Und der Instagram-Account müsste eigentlich ebenfalls aktualisiert werden.

Stillstand ist keine verlorene Zeit

Manche Menschen fühlen sich gehetzt von der Zeit. Sie rennen von einem Termin, von einer Verpflichtung zur anderen. Das Wort »hetzen« kommt von »hassen«. So wird deutlich: Wer sich hetzen lässt, tut sich selbst nichts Gutes. Auch bei gefülltem Terminkalender und großem Arbeitspensum ist es wichtig, immer wieder einmal *innezuhalten*. Und sei es nur für wenige Minuten. Wer innehält, kommt in Berührung mit seinem Inneren. Er lässt sich nicht nur von außen steuern, sondern findet inneren Halt und Stabilität. So kann man auch Phasen vermeintlichen Stillstands positiv nutzen.

Rund um die Uhr können wir heute miteinander kommunizieren und uns über Medien in einem unaufhörlichen Informationsstrom befinden. Gerade deshalb ist die *Sehnsucht nach Stille* in unserer Zeit besonders groß. Trotz unbestreitbarer Vorteile moderner Kommunikationsmittel leiden viele darunter, ständig erreichbar zu sein. Und wenn man Menschen beispielsweise in öffentlichen Verkehrsmitteln oder auch bei diversen Veranstaltungen beobachtet, kann man häufig feststellen, dass sie nicht miteinander im Gespräch, sondern gebeugt und fast gebannt mit ihrem Smartphone beschäftigt sind.

Bei manchen Menschen kann man eine Angst vor der Stille beobachten, geradezu hektisch suchen sie nach permanenter Beschäftigung. Es könnten auf einmal unangenehme Gedanken auftauchen, die sie mit Unstimmigkeiten im eigenen Leben konfrontieren. Viele Menschen wünschen sich jedoch mehr stille Momente in ihrem Leben, vielleicht auch mehr Zeiten des Alleinseins. Man kann es ja förmlich körperlich spüren, wie eine Last von einem abfällt, wenn man sich nach einem hektischen Tag auf eine Bank setzt und die Stille genießt. Man kann tief durchatmen und endlich auch einmal seine Umgebung mit allen Sinnen wahrnehmen. Es kommt einem dann wie ein heilendes Bad vor.

Zwei Begriffe sind im Zusammenhang mit der Stille von Bedeutung – Schweigen und Ruhe.

Schweigen – ein kostbares Gut

Schweigen ist in unserer Kommunikationsgesellschaft zu einem kostbaren Gut geworden – und für viele Menschen auch ein Wagnis. Mit einem sehr vertrauten Menschen kann man schweigend die Zeit teilen und sich dabei sehr nahe fühlen. Aber mit Unbekannten entsteht in der gleichen Situation oft ein Gefühl der Beklemmung. Deshalb will Schweigen geübt sein. Viele Klöster beispielsweise bieten *Schweigekurse* an, bei denen man unter kompetenter Leitung das Schweigen einüben kann.

Aus eigener Erfahrung weiß ich, dass es zu Beginn eines Schweigekurses befremdlich sein kann, mit anderen Zeit zu verbringen, ohne ein Wort zu wechseln. Aber nach einer relativ kurzen Phase merkt man, dass man sich auch anders verständigen kann: durch ein Lächeln, ein aufmunterndes Nicken, durch freundliche Gesten beispielsweise. Manchmal erlebt man solche Situationen

Leidfaden, Heft 3 / 2023, S. 23–26, ISSN (Printausgabe): 2192-1202, ISSN (online): 2196-8217, © 2023 Vandenhoeck & Ruprecht

im Ausland, wenn man sich sprachlich nicht verständigen kann und zu Gesten greift. Hin und wieder entstehen so humorvolle Situationen, über die man gemeinsam lachen kann. Dies verbindet manchmal mehr als viele Sätze.

Worte kommen häufig wie von selbst, man spult sie ab, lässt ihnen freien Lauf. Beim Schweigen überlegt man sich jede Geste, jede Form des Gegenübertretens und pflegt so einen achtsameren Umgang miteinander.

Man geht offener auf den anderen zu, nimmt ihn eher wahr, konzentriert sich ausschließlich auf seine Mimik, seine Gestik, seine Körpersprache. Nichts wird zerredet oder mit Worten übertönt. Die persönliche Ausstrahlung jedes Einzelnen kann so ihre Wirkung entfalten. Nach recht kurzer Zeit merkt man, wie entspannend und erleichternd das Schweigen sein kann. Man muss weder Konversation machen noch sich ständig etwas anhören.

Der *Verzicht auf Worte* ist aber nur die eine Seite des Schweigens, sozusagen die äußere. Oft meldet sich in einer solchen Situation unsere *innere Stimme*. Worte, Gedanken, Emotionen bedrängen uns, die tief im Unterbewusstsein vergraben waren und durch den Außenlärm übertönt wurden. Man sollte diese Gefühle annehmen, aber nicht bewerten. Die wichtigsten kann man sich notieren, damit sie aus dem Kopf sind, aber nicht in Vergessenheit geraten.

Auch das *innere Schweigen* kann man lernen – durch regelmäßige Meditation. Dazu setzt man sich entspannt hin, legt die Handinnenseiten wie offene Waagschalen auf den Oberschenkeln ab, schließt die Augen und atmet tief in den Bauchbereich ein und wieder aus. So lange, bis der Atem ruhig fließt. Nun wiederholt man innerlich ein positiv besetztes Wort, das man sich vorher überlegt hat. Beispielsweise »Licht«, »Wärme«, »Sonne«, vielleicht auch »Gott« oder der Name

eines Heiligen, zu dem man einen besonderen Bezug hat.

Diesen Begriff wiederholt man immer wieder, stellt ihn sich geschrieben vor und betrachtet die Buchstaben vor dem inneren Auge. Alles, was einem sonst in den Sinn kommt und nun stören könnte, wird gedanklich beiseitegeschoben. Nöte, Probleme, Unerledigtes haben in diesen Minuten keinen Platz. Man meditiert nur über das eine gewählte Wort. Demjenigen, der diese Übung regelmäßig wiederholt, wird es nach einer Weile leicht fallen, sich einen *inneren Raum der Stille* zu schaffen. So kann man neben dem äußeren auch das innere Schweigen praktizieren und sich so ein kostbares Geschenk machen.

Orte der Stille, in denen man zur Ruhe kommen kann

Orte der Stille kann jeder in seiner Umgebung finden. Eine Kirche strahlt Ruhe aus. Und indem wir uns beispielsweise mitten in einer hektischen Fußgängerzone einmal einige Minuten in einen stillen Kirchenraum setzen, auch wenn wir nicht gläubig sind, werden wir von seiner Stille umhüllt. Dies sind Augenblicke, in denen wir Kraft tanken können.

Ein Wald ist still. Beim Spaziergang auf Waldpfaden können wir die Stille spüren und mit allen Sinnen wahrnehmen, was sonst an uns vorbeirauscht: das Zwitschern der Vögel, das Geräusch des Windes in den Baumwipfeln, den Duft der Pflanzen und Kräuter, die kräftigen Farben und Grünnuancen. Auch ein stiller Spaziergang am Wasser hat einen solchen Effekt. Die Geräusche der Natur stören die Stille nicht. Im Gegenteil, sie machen sie erst spürbar.

Die Stille, die uns umgibt, lädt uns ein, selbst still und ruhig zu werden. Wir spüren, dass es unangebracht ist, einen stillen Ort mit dem Lärm von Musik oder dem Klingeln eines Handys zu stören. Diese äußere Stille ist Voraussetzung dafür, dass man auch innerlich still wird. Wer von äußerem Lärm umgeben ist oder sich in einer Umgebung befindet, die uns an Dinge ermahnt, die wir noch zu erledigen haben, wird nur mit großer Übung zu innerer Stille finden. Man kann sich auch *zu Hause einen Ort der Stille* schaffen. Eine kleine Oase, die man so gestaltet, dass man sich wohlfühlt und zur Ruhe kommen kann. Und in der man von anderen nicht gestört wird. Dies kann auch eine Nische in einem größeren Raum sein. Mit etwas Kreativität kann sich jeder einen solchen Stilleort schaffen.

Exerzitien – intensive Zeiten der Stille

Exerzitien, dieser vom Lateinischen »exercitium« abgeleitete Begriff, bedeutet in seiner direkten Übersetzung zunächst nur »Übung«. Doch dahinter steckt sehr viel mehr. Grundelemente der Exerzitien sind Zeiten des Schweigens, Zeiten des Gebets, Meditationsphasen, Eucharistiefeiern, Übungen zur Körperwahrnehmung und Begleitgespräche. Diese Tage der Zurückgezogenheit eröffnen Wege zum geistlichen Wachstum und zur Selbstbetrachtung. Man kann sich leicht vorstellen, dass diese Erfahrungen in der Stille nicht von heute auf morgen und nur mit einer qualifizierten Begleitperson erlebbar werden. Deshalb ist es für Menschen, die erstmalig an Exerzitien teilnehmen, unbedingt empfehlenswert, einen Kurs zu buchen. Die Angebote sind vielfältig: von einem Wochenende zum Einsteigen über eine Woche bis zu einem Monat.

Exerzitien finden beispielsweise in Häusern der Stille, in Klöstern oder speziellen Exerzitienhäusern statt und sind in der Regel geprägt von durchgehendem Schweigen. So kann man sich leichter vom Alltag distanzieren und den Weg in die Tiefe finden, dorthin, wo man mit den eigenen Sehnsüchten und dem Sinn des Lebens in Berührung kommt. Der Verzicht auf Worte ermöglicht zugleich einen achtsameren Umgang mit sich selbst und anderen.

Auch durch das Element der Meditation wird die Achtsamkeit gefördert. Zum Teil bis zu insgesamt fünf Stunden täglich verbringen die Teil-

Fumaggy / Shutterstock

> *Die geistlichen Übungen gelingen vor allem in der Zurückgezogenheit. Abseits des normalen Umfelds und der täglichen Anforderungen ist es leichter, den eigenen Weg in die Stille zu beschreiten.*

bieten. Dabei werden in den normalen Tagesablauf feste Gebetszeiten integriert. Die geistlichen Übungen gelingen jedoch vor allem in der Zurückgezogenheit. Abseits des normalen Umfelds und der täglichen Anforderungen ist es leichter, den eigenen Weg in die Stille zu beschreiten.

Den Aufbruch in die Stille wagen

So gibt es auch in unserer hektischen Zeit zahlreiche Möglichkeiten, die Stille in der eigenen Umgebung zu finden. Wer den Aufbruch wagt, wird feststellen, wie heilsam die Stille für Geist, Seele und Körper sein kann.

Dr. **Petra Altmann** M. A. ist Buchautorin, Journalistin, Seminarleiterin und Coach. Sie hat eine Ausbildung in Logotherapie und Existenzanalyse sowie in Biografiearbeit. In ihren Publikationen beschäftigt sie sich immer wieder mit der Bedeutung der Stille.

Kontakt: pa@dr-petra-altmann.de
Website: www.dr-petra-altmann.de

Literatur

Altmann, P. (2014). Das Glück der Stille – 52 Meditationen, spirituelle Impulse und Übungen für den Alltag. 2. Auflage. München.
Altmann, P. (2022). Oasen für jeden Tag – Was mir guttut. Kevelaer.
Altmann, P.; Grün, A. (2022). Alles hat seine Stunde – vom Geschenk der Zeit. Freiburg i. Br.

nehmenden gemeinsam in stiller Konzentration, in der Betrachtung der Bibel sowie der Schriften der Kirchen- und Ordensväter.

Leichte *Übungen zur Leibwahrnehmung* richten die Aufmerksamkeit auf die körperlichen Befindlichkeiten. Man kann so beispielsweise Blockaden und Überreizungen entdecken und gleichzeitig lernen dagegenzusteuern.

Es ist leicht vorstellbar, wie wichtig bei diesem Prozess die Begleitung durch einen kompetenten Menschen ist, dem man vertraut. Daher ist bei den meisten Exerzitien ein Vorgespräch mit dem Exerzitienleiter Voraussetzung. Auch den Teilnehmenden gibt dies die Sicherheit, in guten Händen zu sein, besonders, wenn im Laufe der Tage Dinge hochkommen, die einen sehr berühren. Grundsätzlich muss man bereit sein, sich auf diesen inneren Prozess, die Begleitung und die Länge des Kurses einzulassen.

Für Menschen, die bereits lange Exerzitienerfahrungen haben und sich nicht für mehrere Tage zurückziehen können, gibt es »Exerzitien im Alltag«, die beispielsweise Pfarreien oder Klöster vor allem in der Fasten- und Adventszeit an-

»Ausdrücklich Sein«
Warum Biografiearbeit für Fachkräfte neben Sinn auch Freude macht

Herta Schindler

1.

»Tue nichts, was du nicht wirklich willst.« Dieser Satz ist ein Zitat von Siri Hustvedt aus ihrem Essay »Ein Spaziergang mit meiner Mutter« (2023, S. 58). In diesem Essay, das sagt schon der Titel, ist mit aller Eindringlichkeit ein biografisches Thema skizziert. Somit ist er hier passend. »Tue nichts, was du nicht wirklich willst.« Verschiedentlich hatte ich über diesen Beitrag nachgedacht. Vermutlich war ich angefragt worden aufgrund meiner Buchveröffentlichung über systemische Biografiearbeit (Schindler 2022). Also stellte ich mir die Frage: Was schreiben, ohne mich zu wiederholen? Was ich unbedingt zur Biografiearbeit hatte sagen wollen, steht in dem Buch. Worin lagen jetzt meine Dringlichkeit und Überzeugungskraft gegenüber dem angefragten Inhalt? Wie würde ich einen Anfang finden, der mich, und damit auch Sie, ergreifen könnte? Dann ist mir obiger Satz begegnet – aus dem Mund, nein aus der Feder, nein aus der Tastatur dieser Schriftstellerin, deren Texte ich liebe.

2.

»Tue nichts, was du nicht wirklich willst.« Gedanklich hatte ich bereits ein Konzept für diesen Beitrag entwickelt: die Beschreibung der Symptome von Sekundärtraumatisierungen[1], die ich als eine der kräftezehrenden Dynamiken bei psychosozialen Fachkräften erlebe – und wie sie durch und mit Biografiearbeit sichtbar gemacht und abgemildert werden könnten; ich habe über Beispie-

le dafür aus meiner Weiterbildungspraxis nachgedacht; habe die Möglichkeit der Selbstzuwendung neben der Hinwendung zu Klient:innen in den Blick genommen und welche Freude es sein kann, im Rahmen der Biografiearbeit einmal den eigenen Raum (für sich selbst) aufzumachen: eine Freude sogar unabhängig vom vielgestaltigen Inhalt, der sich zeigen kann, durch die begleitende Anwesenheit eines Gegenübers, der Mentor:in, die mit auf Inhalt und Prozess schaut.

3.

Und dann sammelte sich trotzdem nicht genug Überzeugungskraft an, um mich an die Tastatur zu bringen. Es verdichtete sich nicht in mir, es waren passende, angemessene, ja erwartbare Gedanken. Aber keine Not-wendigen und erhellenden.

Schließlich, beim Spazierengehen, dachte ich über den Begriff »Biografiearbeit« nach. Nein, »Biografiearbeit als Selbstfürsorge« (so der Arbeitstitel), das hört sich zu wenig entlastend an. Da steckt zu viel »Arbeit« und zu wenig »Selbst« drin, da klingt zu viel Fachkraftmühe mit und zu wenig Freude am eigenen Sein, am Eigensein.

4.

»Tue nichts, was du nicht wirklich willst.« Den Raum für das Eigene aufmachen. Sich nicht zur Verfügung stellen (müssen) (wollen) für andere/-s. Auf Erkundungen gehen, eigene Zusammenhänge entwickeln, innere Resonanzen spü-

Leidfaden, Heft 3 / 2023, S. 27–32, ISSN (Printausgabe): 2192-1202, ISSN (online): 2196-8217, © 2023 Vandenhoeck & Ruprecht

ren. Ausdruck finden: Jetzt bin einmal ich dran, jetzt lebe und erlebe, durchlebe und verdichte ich.

In der Biografiearbeit – und nun ist das Wort doch da – ist zweierlei möglich: Ich wende mich mir selbst zu, dem Detail, das mich gerade angeht mit mir selbst, und ich sehe und spüre dieses Detail zugleich in einem Gewebe von Wirklichkeiten, das zu schwingen anfängt, indem ich diesem Detail Bedeutung gebe. Ein fast physikalischer Prozess, könnte man meinen, und dieser Vergleich zaubert ein Lächeln hervor. Ja, ein Lächeln. Denn Biografiearbeit, wie ich sie verstehe, ist immer auch ein Ausdrucksgeschehen, eine Hervorbringung von inneren – und dann auch äußeren – Bildern und Gestaltungen, die das eigene Leben, indem es zum Ausdruck kommt, intensivieren.

Und ist nicht genau das wunderbar: dass wir anfangen (und wir fangen immer wieder aufs Neue an), die Intensität unseres Daseins zu spüren? Uns selbst. Denn oft und regelmäßig ist unsere Aufmerksamkeit als Fachkräfte auf andere gerichtet. Hier entsteht Umkehrung. Die eigenen Themen mit eigenen Ausdrucksformen der Welt zufügen, klärt,

kräftigt und … sättigt. Sodass, nach diesem Prozess, die Hinwendung zu anderen wieder aus einer ruhigeren Fülle gelingt.

5.

Ja, und nun kommen schließlich doch die Beispiele. Nun passen sie mir. Wenn ich Biografiearbeit als Möglichkeit der Selbstfürsorge nun das Wort einräume, beziehe ich mich in erster Linie auf den Kontext Weiterbildung, vor allem auf die Erfahrungen in der von mir konzipierten und durchgeführten Weiterbildung »Systemische Biografiearbeit«[2]. Anliegen darin ist, Fachkräfte bei ihrer Kompetenzentwicklung bezüglich biografischen Wissens, Erkundens und Begleitens durch Lehre und Selbsterfahrung zu unterstützen. Es folgen drei Beispiele.

Verena (Name geändert), eine Sozialarbeiterin und alleinerziehende Mutter, konnte mit ihrem Beruf immer ihre Familie ernähren. Das war gut so. Und zugleich blieb etwas offen – und zwar nicht im Sinne von Offenheit, sondern von ungestillt sein, sich nicht ganz zufrieden, nicht ganz angekommen fühlen. Da war noch etwas. Das störte. Und quengelte. Und drängelte.

Diese Fachkraft, tätig im Einzelcoaching im Kontext Arbeitsamt, gestaltete im Rahmen der Biografiearbeit ein künstlerisches Lebensbuch. Die Künstlerseele in ihr begann zu atmen – ohne dass sie Künstlerin sein musste (und wollte). Die Suche nach der verborgenen Welt, aus der sie kam, verbunden mit der Suche, wohin sie »eigentlich« beruflich wollte, setzte sie auf so vielfältige Weise um in der Suche nach passenden und zugleich minimalistischen Gestaltungen, dass es nachdrücklich bereichernd war, daran teilzuhaben. Wie viel mehr, es auszudrücken.

Und ein wenig erstaunt es schon, dass Verena ausgerechnet im beruflichen Coaching arbeitete. In der Biografiearbeit ermöglichte sie sich auf der Ebene der Ausdrucksform Ergänzung. Und Aufatmen. Und das Weiten des Blicks.

Alena (Name geändert), eine junge Fachkraft, arbeitete im DRK-Suchdienst. Sie arbeitet mit Menschen, die Familienangehörige aufgrund von Krieg, Katastrophen oder Migration verloren haben und nach ihnen suchen. Biografiearbeit ist in diesem Feld ein naheliegendes Thema, wird doch aktiv nach außen recherchiert und zugleich gilt es für die Angehörigen und auf der professionellen Ebene auch für die begleitenden Fachkräfte, mit Nichtwissen, Unsicherheit, Bangen und Hoffen zu leben und (her-)umzugehen. Dass Alena eine

Biografieweiterbildung machte, erschien deshalb folgerichtig.

Über mehrere Module hinweg war sie unentschlossen, ob sie sich im Rahmen der Weiterbildung für die Durchführung eines beruflichen oder eines persönlichen Projekts entscheiden sollte. Sie rang mit sich. Schließlich, vermutlich auch durch genügend Vertrauen in die Gruppe, entschied sie sich für das persönliche Thema.

An was sie uns in ihrer Abschlusspräsentation teilhaben ließ, berührte sie und die gesamte Gruppe tief: Die Geschichte ihrer Urgroßmutter, einer Jüdin, die während des Faschismus in Berlin überlebte, erzählte sie in Form eines Audio-Walks. Dabei ließ sie die Lebensorte ihrer freien, später verfolgten, dann befreiten Vorfahrin an sich und uns vorbeiziehen. Dass sie diejenige aus der Familie ist, die diese Geschichte aufhebt im doppelten Sinne des Wortes, ist kein Zufall: »Als ich 15 Jahre alt war«, erzählte sie, »hat mein Großvater mich angesehen und dann zu weinen begonnen. Und nur ganz am Rande habe ich eine Ahnung bekommen, warum: Ich sehe, erklärte es mir meine Mutter, seiner Mutter sehr ähnlich.« Nun hatte sie aus der Ahnung (der Ahnenreihe) ihre (Familien-)Geschichte herausgearbeitet. Eine Geschichte, die vorsichtig abgefühlt, dann erzählbar, hörbar, nachempfindbar, also bewusst geworden war.

Gerade in der spezifischen, vermutlich nicht zufälligen Korrespondenz mit einem Arbeitsplatzthema führt Bewusstwerdung in der Regel zur inneren Entlastung. Kräfte werden frei. Wofür? Das darf sich zeigen.

Katharina, eine weit erfahrene psychotherapeutische Fachkraft, die die Geschichte ihrer Großmutter schriftlich aufgearbeitet hat, schreibt über ihren Prozess: »Ich bin sehr gewachsen durch die Arbeit an (…) meiner Biografie. Ich kann mit Fug und Recht behaupten, dass ich erwachsener geworden bin. (…) ich (bin)

ebenfalls sehr stolz auf meine Wurzeln und das, was meine Vorfahren bewältigt und überlebt haben. Das gibt mir Kraft und ließ möglicherweise auch meine Ängste milder werden. Das alles ist in erster Linie durch mein Mitfühlen und Mitleiden gelungen. Es hat meinen Blick geöffnet und geweitet. Beruflich ist mir noch deutlicher geworden, wie hilfreich die Arbeit mit der eigenen Biografie sein kann, jedoch auch wie schmerzhaft. Es wird meinen Blick für transgenerative Verletzungen möglicherweise schärfen. (…) In meiner therapeutischen Arbeit habe ich schon immer ein besonderes Augenmerk auf die Auseinandersetzung mit der eigenen Biografie gelegt. Der Fokus hat sich durch meine eigene Beschäftigung dahingehend verändert, dass ich wachsamer, sensibler und weitsichtiger geworden bin.

Ich finde immer mehr zu meiner persönlichen Ausdrucksform, dem Schreiben. Bei allem Leid, das ich durch das Aufschreiben meiner Familiengeschichte, auch in der Recherche, erfahren habe, war es sehr abenteuerlich für mich, in andere Welten einzutauchen, und nicht nur das: Diese Welten zu erschaffen und zu gestalten, also mit meinen inneren Bildern zu arbeiten, war ein großartiges und herausragendes Erlebnis für mich.

Ich spüre ganz deutlich, dass nach Beendigung an der Arbeit viele Ängste viel milder geworden sind. Ich traue mich abends in den Keller, ohne dass sich meine Nackenhärchen aufstellen oder mein Herz vor Angst rast. Ich gehe im Dunkeln in den Garten, um nachzuschauen, ob ich mein Fahrrad auch wirklich abgeschlossen habe – alles Dinge, die vorher undenkbar gewesen wären. Worauf ich besonders stolz bin, ist der Umstand, dass ich nicht mehr das Licht brennen lasse, wenn ich alleine bin und einschlafen will. Ich schlafe tatsächlich im Dunkeln ein. Ich bin innerlich wie auch äußerlich ruhiger, das heißt angstfreier geworden. Meine Ängste sind nicht weg, aber sie quälen mich nicht mehr.«

Tetiana Tychynsk/Shutterstock

Bojan Milinkov/Shutterstock

6.

Auf welche Weise also macht für Fachkräfte Biografiearbeit sowohl Sinn als auch Freude?

Bei Verena schätze ich die Entwicklung des kreativen, ja künstlerischen Ausdrucks für ihr Gewordensein als den wesentlichen Aspekt ein. Das Wiederaufnehmen des Fadens hieß hier, neben der beziehungsreichen Alltagskompetenz als Mutter und psychosoziale Fachkraft die eigene Ausdrucksstärke, die Kraft des Eigensinns zu nähren.

Bei Alena fällt die Verbindung zwischen Arbeitsbereich und unauserzähltem Familienthema deutlich ins Auge – allerdings erst, nachdem sie es erzählt hatte! Die mutige Hinwendung Alenas zu der Geschichte ihrer Urgroßmutter ließ diese als Verfolgte, Versteckte, Gerettete und Weiterlebende auftauchen – und ebenso die Erzählerin selbst, der der Großvater mit dem emotionalen Hinweis auf die Ähnlichkeit die Aufgabe des Erzählens quasi zugesprochen hatte. Familien- und Arbeitsgeschichte sind somit zugleich verbunden als auch getrennt. »Dieses Aufarbeiten erlaubt mir eine bessere Positionierung, weil ich Teile meiner Identität für mich klarer definieren und Unsicherheiten als Stärken erkennen konnte bzw. sie in Stärken umgewandelt habe, was im privaten wie auch im professionellen Umfeld hilft«, sagt Alena.

Katharina, selbst Therapeutin, findet durch die intensive biografische Arbeit transgenerationale »Begründungen« eigener Ängste. Indem sie ihnen durch Recherche und Erzählen auf den Grund geht, gehen sie sozusagen gründlich zugrunde. Neben dem abenteuerlichen Unternehmen des Schreibens und damit des Gestaltens einer Welt wird hier der Heilungsaspekt thematisiert; den auch Fachkräfte durchaus schätzen – auch ganz ohne Diagnostik. Denn: Als Nebenwirkung ist mit heilsamen Prozessen in der Biografiearbeit durchaus zu rechnen.

7.

»Tue nichts, was du nicht wirklich willst.« Diesen Satz hatte die Mutter ihrer pubertierenden Tochter Siri mitgegeben, die dabei war, das eigene Begehren und das Begehrtwerden zu erkunden. Ein Satz, den die Schriftstellerin im Lebensgepäck behielt. Ja, das Lebensgepäck: Welche Stärkungen haben Sie im Lebensgepäck? Und wer hat sie Ihnen hineingetan? Was haben Sie damit entwickelt? Was wurde Ihnen ausdrücklich mitgegeben und was eindrücklich? Was ist mit Fug und Recht verblasst? Und wo möchten Sie etwas, das verblasst und nur vage vorhanden ist, deutlicher konturieren? Wo liegt, mit anderen Worten, möglicherweise Ihre eigene Dringlichkeit des Erkundens und Ihr Ausdrucksbegehren?

Biografiearbeit als Arbeit, die ein Mensch sich selbst macht, wird auf diese Weise auch zu einer Freude: der Freude, ich selbst und bei mir zu sein, mich mit mir in den Raum der Zwischenmenschlichkeit zu stellen und darin … ja, zu tun, was ich wirklich will; abhängig und zugleich unabhängig vom jeweiligen biografischen Inhalt mit den Erinnerungen zu »tanzen« – in Worten, Bildern, Bewegungen. Und immer wieder im Gespräch, im Aus-Tausch. Selbstvergessenheit im ernsten Spiel der Erinnerung statt Vergessen in der (versuchten) Selbstüberholung im Strudel der Dringlichkeit von Aufgaben und Überflutung von Reizen. Das ist das Geschenk der Biografiearbeit.

© Paavo Blafield

Herta Schindler, Diplom-Sozialpädagogin, Systemische Therapeutin und Lehrtherapeutin (SG), Systemische Supervisorin, Systemische Coachin (DGSF), anerkannte Systemaufstellerin (DGfS), Qualifikationen in Poesie- und Bibliotherapie (Fritz Perls Institut) und angewandter Biografiearbeit (Arlesheim/Schweiz), ist Inhaberin des Systemischen Instituts Mitte SYIM in Kassel (www.syim.de) und bietet dort eine einjährige Fortbildung in »Biografiearbeit unter systemischer Perspektive« an.
Kontakt: hertaschindler@aol.com

Literatur

Hustvedt, S. (2023). Mütter, Väter und Täter. Essays. Hamburg.
Schindler, H. (2022). Sich selbst beheimaten. Grundlagen systemischer Biografiearbeit. Göttingen.
Wilson, J. P.; Lindy, J. D. (Hrsg.) (1994). Countertransference in the treatment of PTSD. New York.

Anmerkungen

1 Das Modell wurde ursprünglich entwickelt von der Psychologischen Gesellschaft Zagreb (für die Klassifikation von Reaktionen von Psychotherapeut:innen auf traumatisierte Klient:innen und deren Ohnmachtserfahrungen), in Anlehnung an die grundlegende Arbeit zu Gegenübertragungsphänomenen bei Traumatherapie von Wilson und Lindy (1994) weiterentwickelt von Dr. Simone Lindorfer in Anwendung auf Organisationen, die im Umfeld traumatischer Gewalt arbeiten oder direkt intervenieren.
2 »Sich selbst beheimaten. Neue Zugänge zur systemischen Biografiearbeit«. Systemisches Institut Mitte – SYIM, Kassel.

Wie hältst du das aus?

Persönliche Gedanken zur Selbstsorge in der Seelsorge

Maria-Anna Feydt

Dreimal in Frage gestellt

Wir sind bei Freunden eingeladen. Eine gemütliche Runde an einem großen Esstisch. Meinen Tischnachbarn kenne ich noch nicht. Wir stellen uns vor. Nachdem er von sich und seinem Beruf erzählt hat, stellt er auch die Frage an mich: »Und was machst du beruflich?« »Ich bin Krankenhausseelsorgerin.« »Oh, da habe ich vor zwei Jahren eine gute Erfahrung gemacht.« Er erzählt vom Sterben seines Vaters im Krankenhaus und der Begleitung durch die dortige Seelsorge. Wir kommen ins Gespräch. Am Schluss sagt er: »Wie hältst du das aus? Ich könnte das nicht. Ich würde alles mit nach Hause nehmen.« »Ja«, sage ich, »die Gefahr ist groß. Ich muss gut für mich sorgen.«

Ich begleite einen Mann auf der Palliativstation. Er ist nicht mehr ansprechbar. Seit mehreren Tagen weiß die Ehefrau, dass er jederzeit sterben könnte. Doch er lässt sich Zeit. Ich bin jeden Tag bei ihm und seiner Frau. Wir sind uns einig, dass er sich die Zeit nehmen darf, die er braucht, um den Schritt vom Diesseitigen ins Jenseitige zu wagen. Diese Geduld strengt an. Die Ehefrau ist erschöpft, angespannt und traurig. Sie sagt zu mir: »Das Warten ist so anstrengend. Wie machen Sie das? Woher nehmen Sie die Kraft, das auszuhalten?«

»Wie geht es Ihnen?«, frage ich die Patientin. Sie hat heute einen guten Tag und wir kommen ins Plaudern. Sie erzählt aus ihrem Leben, was ihr wichtig war, wie sie Krisen gemeistert hat. Sie wirkt zufrieden mit ihrem Leben. Im Gebet danken wir Gott dafür und bitten um Kraft und Segen für die Zeit, die jetzt vor ihr liegt. Am Ende des Gesprächs sagt sie: »Das ist eine tolle Arbeit, die Sie machen. Sicher nicht ganz einfach. Fragt Sie eigentlich auch mal jemand, wie es Ihnen geht?«

Dreimal in Frage gestellt. Dreimal habe ich im Gespräch eine passende Antwort parat. Und doch wirken diese Fragen in mir nach. Von Zeit zu Zeit stelle ich mich diesen Fragen und merke: Zur Selbstsorge gehört es, eben nicht nur schnelle Antworten parat zu haben, sondern mir wirklich Zeit zu nehmen für diese Fragen.

Wie geht es mir?

Wie gern gebe ich auf die Frage »Wie geht es dir?« ein »Gut« oder »Sehr gut« zur Antwort. Leider stimmt diese Antwort nicht immer und jeder Therapeut würde sagen: »Gut« ist kein Gefühl. Bei dieser Antwort mogle ich mich selbst herum um mein Befinden, um mein Gefühl.

Warum ist die Frage nach dem eigenen Befinden eigentlich so wichtig, wenn es in der Seelsorge doch eher um das Gefühl und das Befinden des anderen gehen soll? Seelsorge lebt von der authentischen Begegnung. Im Gespräch kann ich dem anderen meine Wahrnehmung dessen, was ich erlebe, zur Verfügung stellen und so ihm oder ihr helfen, eigene Ressourcen zu finden. Um das zu können, muss ich aber zunächst wissen, welches Gefühl zu mir gehört und welches als Antwort auf die Situation des Patienten oder der Patientin hervorgerufen wird. Es geht also nicht

Leidfaden, Heft 3 / 2023, S. 33–36, ISSN (Printausgabe): 2192-1202, ISSN (online): 2196-8217, © 2023 Vandenhoeck & Ruprecht

darum, mir ein Gefühl zu verbieten, sondern darum, mit diesem Gefühl zu arbeiten.

Eines Tages sagte mir eine Patientin »Sie sehen aber müde aus.« Ich gab zu, dass sie Recht hat, und wir kamen über das Müdesein und die Seligkeit des Schlafens ins Gespräch. Es war ein wunderbarer Austausch, der uns beide unseren Bedürfnissen näher gebracht hat. Vor allem die Patientin konnte sich nach dem Gespräch leichter mit ihrer Müdigkeit abfinden, die bei ihr durch Krankheit und Medikation hervorgerufen wird.

Ein anderes Beispiel: Sechs Wochen nach dem Tod meiner eigenen Mutter meinte ich, auch wieder Sterbende begleiten zu können. Der dritte Patient hatte die gleiche Diagnose wie meine Mutter und ich ertappte mich dabei, jetzt genau zu wissen, was der Patient und seine Ehefrau erleben werden. Ich war also nicht offen für das Erleben des Patienten, sondern gefangen im eigenen Erleben mit meiner Mutter. Von dieser Erfahrung und meiner Trauer konnte ich mich im Gespräch weder frei machen noch wäre es angemessen gewesen, dieses Gefühl miteinzubringen. Ich habe deshalb eine Kollegin um die Begleitung dieses Patienten gebeten und für das kommende halbe Jahr keine Betreuung eines Menschen mit dieser Diagnose angenommen. Danach ging es wieder gut.

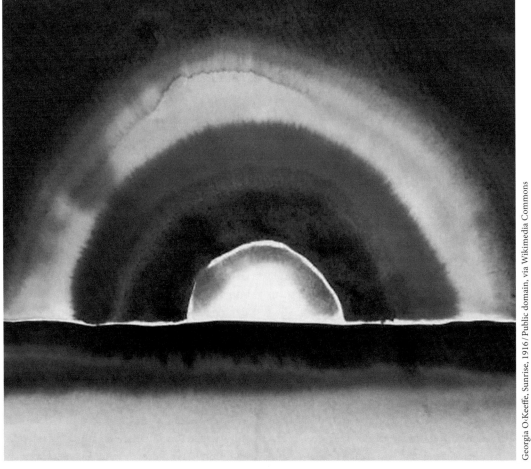

Georgia O›Keeffe, Sunrise, 1916 / Public domain, via Wikimedia Commons

Diese zwei Beispiele aus meiner Arbeit zeigen sehr deutlich, wie wichtig eine ehrliche Antwort auf die Frage »Wie geht es mir heute?« ist. Sie verhilft mir nicht nur zu einem professionellen Arbeiten, sondern auch zum Unterscheiden zwischen meinen Befindlichkeiten und denen des Patienten oder der Patientin. Außerdem kann sie mir rechtzeitig anzeigen, ob ich eventuell dabei bin auszubrennen.

Woher nehme ich die Kraft auszuhalten?

Gerade in der Sterbebegleitung sehe ich meine Aufgabe als Seelsorgerin darin, die Situation des oder der Sterbenden mit auszuhalten. An der Seite zu bleiben und das, was geschieht, mit zu tragen. Die Ohnmacht, die die sterbende Person erlebt, erlebe ich für mich selbst ja auch, denn ich kann das Sterben nicht verhindern. Es wird geschehen. Doch woher nehme ich die Kraft zum Aushalten? Woher die Kraft zur Ohnmacht?

Meine größte Kraftquelle ist mein Glaube. Dieser gütige Gott, an den ich glaube, wird jeden sterbenden Menschen mit offenen Armen empfangen und willkommen heißen. Davon bin ich überzeugt. Beweisen kann ich dies nicht. Nur glauben. Aus meiner Perspektive begleite ich Menschen eben nicht an ein Ende, sondern an einen Übergang. Hin zu einem neuen Leben, zu einem neuen »Willkommen«. Dieser Gedanke ist mir Trost und Kraft zugleich.

Auch wenn die Kirchen heute in einer mächtigen Krise stecken, ist die Sehnsucht nach einer großen transzendenten Kraft ungebrochen. Nach einer Kraft, die hilft, Krisen zu bestehen. Nach einer Liebe, die dem Leben und dem Sterben Sinn verleiht. Nach einem Leben, das irgendwie und irgendwo weitergeht. Menschen geben dieser Kraft unterschiedliche Namen. Ich bin zutiefst froh, dass ich meiner transzendenten Kraft den Namen »Gott« geben kann.

Weitere Kraftquellen sind für mich die Kunst und die Literatur. Ich liebe es, ins Museum zu gehen und mich in Bildern wiederzufinden. Die Gefühle, die Künstlerinnen und Künstler in ihre Arbeiten hineinlegen können jenseits der Farben und Formen, beeindrucken mich. Die Suche nach dem Traum und Transzendenten im Surrealismus, die Einsamkeit zwischen den Menschen bei Edward Hopper, der weibliche Blick einer Georgia O'Keeffe, die Wertigkeit des flüchtigen Augenblicks im Impressionismus … Im Betrachten solcher Gemälde oder im Lesen großer Romane entsteht für mich ein Gefühl des Aufgehobenseins, des Bestätigtwerdens, des Gleichklangs und einer großen inneren Ruhe. Das gibt mir Kraft. Ich bin mit dem, was ich dienstlich erlebe, nicht allein. Ich bin gut aufgehoben in der Welt von heute und in der Erfahrung des Vergangenen. Daraus schöpfe ich meine ganze Zuversicht für die Zukunft.

> *Im Betrachten von Gemälden oder im Lesen großer Romane entsteht für mich ein Gefühl des Aufgehobenseins, des Bestätigtwerdens, des Gleichklangs und einer großen inneren Ruhe. Das gibt mir Kraft.*

Und eine letzte Kraftquelle: Ich lebe gern! Ich bin gern mit Menschen zusammen, reise gern, höre gern Musik und wenn sich die Gelegenheit ergibt, tanze ich gern. Kurz: Ich liebe das Leben.

Wie sorge ich gut für mich?

Neben den professionellen Methoden Supervision und Weiterbildung, mit denen ich gut für mich sorge, habe ich mir tägliche kleine Rituale zugelegt, die mir wichtig geworden sind. Meist habe ich von der Krankenschwester oder dem Arzt, die mich zu einem Patienten gerufen haben, eine kurze Information bekommen. Ich spüre die Sorge der Person, die mich informiert. Das darauf folgende Klopfen an die Zimmertür des Patienten habe ich ritualisiert. Ich mache mir bewusst, dass ich um Einlass beim anderen bitte, und lasse das, was ich gerade erfahren haben, möglichst hinter mir. Offen für das, was der Patient oder die Patientin mir entgegenbringt, lasse ich mich im Gespräch auf den anderen Menschen ein und versuche mit ihm gemeinsam, seine Sorgen zu ertragen, seine Lebensfragen zu beantworten, seine Kraftquellen zu erschließen. Ich bin ganz beim anderen.

Das Verlassen des Zimmers wird wieder zum Ritual. Ein kurzer Moment des Sortierens verbindet sich mit dem Herunterdrücken der Türklinke. Das, was zum Patienten oder zur Patientin gehört, bleibt im Zimmer. Das, was zu mir gehört, geht mit mir mit. Ich bin jetzt wieder bei mir. Meine Zuversicht, dass in jedem Menschen eine Kraft steckt, die hilft, das Leben zu leben, verbleibt auf beiden Seiten der Tür.

Und das dritte Ritual: Bevor ich abends das Krankenhaus verlasse, trete ich noch einmal in Kontakt mit meinem Gott: »Ich habe mich heute mit allen meinen Kräften um eine gute Seelsorge bemüht. Alles Weitere überlasse ich dir, mein Gott. Bring du zur Vollendung, was noch nicht vollendet ist – und was nicht warten kann bis morgen.« So habe ich immer jemanden, bei dem ich das ablegen kann, was ich selbst nicht leisten kann.

Liebe Leserin, lieber Leser, mit diesem Artikel habe ich Ihnen einen kleinen Einblick gegeben in die Art und Weise, wie ich versuche für mich zu sorgen: indem ich meine eigene Befindlichkeit ehrlich wahrnehme, indem ich mir meine Kraftquellen bewusst mache und sie mit Freude pflege und indem ich eigene Rituale habe, um zwischen der Arbeit und mir unterscheiden zu können. Ich würde mich freuen, wenn ich Sie einladen und inspirieren konnte, in Ihrer eigenen Weise gut für sich zu sorgen.

Die Redaktion hat mich gebeten, ein Porträtbild von mir zu schicken. Sie sehen mich hier an der Seite der Skulptur »Walking Woman« von Sean Henry im Ekkebergparken in Oslo, eins meiner Lieblingsfotos. Begeistert von der Kunst.
Bleiben Sie behütet und umsorgt.

Maria-Anna Feydt ist katholische Diplom-Theologin und arbeitet seit August 2022 als Seelsorgerin im Krankenhaus St. Elisabeth und St. Barbara in Halle. Vorher war sie in Krankenhäusern in Leipzig, Dresden und Görlitz tätig.
Kontakt: mfeydt@gmx.de

Metastasiert erkrankt und trotzdem andere gut begleiten

Ein Spagat zwischen Fremd- und Selbstfürsorge

Ute Frankhof

Kurz zu mir

Heute weiß ich gar nicht mehr, wie lange es dauerte, bis die Diagnose metastasierter Brustkrebs wirklich zu mir durchgedrungen war. Ich hatte das Gefühl, von außen auf das Geschehen zu blicken, als ob es hier gar nicht um mich, sondern um irgendeine andere 47-jährige Frau geht. Ich verfiel damals direkt in einen unbändigen Aktionismus und wollte sofort mit den nötigen Therapien beginnen. Erst allmählich drang die Diagnose und deren Bedeutung zu mir durch. Angst und vor allem Trauer um die Dinge, die ich wohl nicht mehr erleben würde, machten sich in mir breit. Viele Ängste und Fragen beschäftigten mich: »Kann ich meine Kinder, damals 12 und 14 Jahre alt, noch bis zu ihrer Volljährigkeit begleiten?« Aber auch: »Lohnt es sich jetzt noch, eine teure Gesichtspflege zu kaufen?«

Mein Beruf als Fachärztin für Anästhesie und Palliativmedizin war damals Fluch und Segen zugleich. Natürlich kannte ich die Prognose zur Dauer der Überlebenszeit von Patientinnen mit metastasiertem Brustkrebs (damals etwa zwei Jahre). Auch wusste ich über mögliche, manchmal sehr belastende und oft nicht lange wirksame Therapien und über viele weitere, nicht gerade aufbauende Details leider bestens Bescheid. Auf der anderen Seite halfen mir meine Kontakte zu zahlreichen Ärztinnen, die mir mit Rat und Tat zur Seite standen und mich als Kollegin und nun zugleich als Patientin fachlich und menschlich sehr gut betreuten und unterstützten.

Die nächsten Jahre waren von Hoffnung und Verzweiflung geprägt. Immer wieder traten neue Metastasen in verschiedenen Organen auf, die aber jeweils gut auf verschiedene Therapieansätze ansprachen. Ich versuchte mein gewohntes Leben mit meiner Familie und meinen Freunden, so gut es ging, weiterzuleben. In den Urlaub zu fahren und meinen Hobbys, wie zum Beispiel mein Garten oder Kochen mit Freunden, nachzugehen, konnte ich weiterhin genießen, auch wenn ich sie öfter in nur abgespeckter Form aufgrund von erneutem Progress oder Nebenwirkungen machen konnte.

Die furchtbare Angst, wenn die dreimonatige Kontrolluntersuchung bevorsteht, war und ist heute noch mit das Schlimmste und Zermürbendste an meiner Erkrankung. Meinen Beruf als Ärztin habe ich seit einigen Jahren aufgegeben, da er mich einfach zu stark forderte. Ich bin mittlerweile erwerbsunfähigkeitsberentet, fühle mich jedoch durch mein ehrenamtliches Engagement für verschiedene Projekte und ein paar Stunden administrativer Arbeit in einem Krankenhaus gut ausgelastet. Inzwischen bin ich seit über vier Jahre metastasenfrei, was ich als unglaublich großes Geschenk empfinde. Natürlich ist mein Leben durch zahlreiche Untersuchungen und Therapien, vor allem durch die dreiwöchentliche Erhaltungs-Chemotherapie und deren Nebenwirkungen geprägt, dennoch würde ich meine Lebensqualität als recht gut beschreiben. Und vor allem: Ich habe es geschafft, meine Kinder volljährig werden zu sehen und sie auf einem guten Weg zu wissen. Auch die teure Gesichtspflege benutze ich noch immer.

Leidfaden, Heft 3/2023, S. 37–42, ISSN (Printausgabe): 2192-1202, ISSN (online): 2196-8217, © 2023 Vandenhoeck & Ruprecht

Das »Netzwerk Leben mit Metastasen«

Seit zweieinhalb Jahren arbeite ich ehrenamtlich als Moderatorin an einem Angebot der Frauenselbsthilfe Krebs (FSH) – einer großen Krebsselbsthilfeorganisation – mit. Damals wurde ich von einer Freundin, die schon seit vielen Jahren mit großem Engagement für die FSH tätig ist, angesprochen, ob ich es mir als Betroffene vorstellen könne, in diesem neuen Projekt-Netzwerk mitzuarbeiten. Es sollte das erste spezielle Netzwerk der FSH für Frauen sein, die an metastasiertem Brustkrebs erkrankt sind. Das Angebot besteht aus einem wöchentlichen 90-minütigen Online-Selbsthilfetreffen, das von selbst erkrankten Frauen moderiert und zum Teil psychoonkologisch begleitet wird. Zusätzlich gibt es vier, von der FSH organisierte, stärkende Wochenenden pro Jahr in Präsenz. An diesen Wochenenden können sowohl wir Moderatorinnen als auch die Teilnehmerinnen der Selbsthilfetreffen und andere metastasierte Frauen teilnehmen. Die Selbsthilfetreffen finden bewusst – und nicht coronabedingt – online statt, damit Frauen aus allen Gegenden Deutschlands und unabhängig von

ihrer physischen Konstitution die Möglichkeit haben, daran teilzunehmen.

Trotz einiger Zweifel, ob ich mir die Moderation inhaltlich und emotional zutraue und vor allem ob ich den Umgang mit der Technik lernen würde, fand ich das Projekt so sinnvoll und spannend, dass ich es auf jeden Fall ausprobieren wollte. Insgesamt fanden sich zehn Frauen, die sich diese Aufgabe ebenfalls mehr oder minder zutrauten. Nach einer intensiven technischen Schulung und sowie zur Moderation einer größeren Gruppe begann der wichtigste Teil der Qualifizierung. Hier galt es, unsere Aufgaben bei den Online-Meetings zu klären, und uns vor allem über den Umgang mit den eigenen Emotionen und denen der Teilnehmerinnen Gedanken zu machen. Wie gehen wir zum Beispiel im Online-Format mit weinenden Teilnehmerinnen um, wenn körperlicher Kontakt in Form einer Umarmung weder uns noch den anderen Teilnehmerinnen möglich ist? Was machen wir, wenn Teilnehmerinnen nicht in der Lage sind, anderen zuzuhören, und nur über ihr eigenes Leid sprechen können? Wie schaffen wir es, Wesentliches zu benennen, ohne zu verschrecken? Fragen über Fragen …

Im Oktober 2020 startete das Projekt, das zunächst auf zwei Jahre befristet sein sollte. Wissenschaftlich begleitet wurde es während dieser Zeit durch das Team von Professor Joachim Weis des Universitätsklinikums Freiburg, der sich mit der wissenschaftlichen Evaluation von Selbsthilfeangeboten befasst.

Wöchentlich fand nun an variierenden Tagen und Uhrzeiten jeweils ein Online-Selbsthilfetreffen statt. Diese wurden von zwei bis drei Moderatorinnen begleitet, wobei jede von uns einen Part des Treffens übernahm. Der Ablauf der Moderation lief immer ähnlich ab, was uns und den Teilnehmerinnen die nötige Struktur gab, da ja sowohl das Moderationsteam als auch die Teilnehmerinnen immer wieder wechselten. Da es sich um eine offene Selbsthilfegruppe handelt, können sich immer wieder neue Frauen über die Geschäftsstelle der FSH für die Treffen anmelden, wobei die Höchstgrenze der Teilnehmerinnen auf zwanzig festgelegt wurde.

Die Treffen beginnen mit der Begrüßung der Frauen, einer kurzen Vorstellung des Projekts und der Gruppenregeln sowie mit einer kleinen Ankunftsrunde, wobei immer der Grundsatz gilt: Jede darf und keine muss etwas sagen. Anschließend sammeln wir die Fragen und Themen, die die Frauen bei den jeweiligen Treffen mitbringen, und besprechen sie nacheinander in der Gruppe. Dies können zum Beispiel Fragen zu Nebenwirkungen von Therapien und deren Linderung, zum Umgang mit Angst, Trauer und Tod oder zu Kommunikation mit dem Umfeld sein. Hierbei profitieren wir alle immer wieder vom »Schwarmwissen«, das diese Gruppe von Betroffenen mitbringt.

Im Anschluss machen wir dann eine kurze Feedbackrunde und beenden das Treffen mit einem kleinen Text, einem Gedicht oder auch mit einer kurzen Metta-Meditation[1]. Alle vier Wochen werden wir von einer Psychoonkologin unterstützt und alle sechs Wochen haben wir eine Expertin zu einem bestimmten Thema wie zum Beispiel »Komplementärmedizin in der Onkologie« oder »Kommunikation mit Angehörigen« zu Gast.

Eine Handvoll Motivationsargumente

- Ich finde es so wichtig, dass endlich ein bedürfnisorientiertes Angebot für Frauen mit einer metastasierten Krebserkrankung geschaffen wurde. Bisher gab es viel zu wenige bis gar keine speziellen Angebote und in den Selbsthilfeformaten für nichtmetastasiert an Krebs erkrankte Frauen finden wir uns oft nicht wieder oder fühlen uns nicht wohl.
- Ich möchte Teil von etwas Sinnvollem sein und dieses auch mitgestalten.
- Ich möchte von der Unterstützung, die ich die ganzen letzten Jahre durch Familie, Freunde, mitfühlende Krankenschwestern, Ärztinnen, Therapeutinnen … erfahren habe, etwas weitergeben, da ich dafür sehr dankbar bin und immer wieder sehe, dass viele erkrankte Frauen diese nicht haben.
- Die Treffen sind auch eine Kraftquelle, da so viel Dankbarkeit von den Teilnehmerinnen zurückkommt: »Hier ist der einzige Ort, an dem ich offen über meine Erkrankung, meine Ängste sprechen kann. Zu Hause versuche ich meine Familie nicht mit meinen Sorgen und Ängsten zu belasten.« – »Hier finde ich wieder etwas Kraft und Mut, da ich zum ersten Mal sehe, wie viele Frauen schon etliche Jahre mit Metastasen leben und dabei eine recht gute Lebensqualität haben.« – »Ohne diese Treffen wüsste ich manchmal gar nicht, was ich machen soll, danach fühle ich mich oft besser oder zu mindestens verstanden.«
- Die gute und enge Gemeinschaft unter uns Moderatorinnen tut mir sehr gut, mit vielen von ihnen verbindet mich inzwischen eine enge Freundschaft. Wir müssen uns viele Gefühle, nicht nur auf unsere Diagnose bezogen, wie Hoffnung, Enttäuschung, Unsicherheit, Trauer, Wut, aber auch Dankbarkeit nicht lange erklären. Auch viele Arten von körperlichen Symptomen, seien sie durch den Krebs oder durch die oft sehr nebenwirkungsreichen Therapien bedingt, kennen die meisten von uns gut.

Fiebke / photocase.de

Warum ist Selbstfürsorge gerade für Begleiterinnen mit einer metastasierten Krebserkrankung so wesentlich?

Weil wir …

- immer wieder sehr belastende Dinge von Teilnehmerinnen und unseren Mitmoderatorinnen erfahren, etwa wenn ein Progress eintritt, wenn es keine Therapieoptionen mehr gibt, wenn es zur Verschlimmerung von Symptomen und Nebenwirkungen kommt, wenn die Schmerzen zunehmen, wenn Übelkeit und Erbrechen ständige Begleiter sind, wenn die Immobilität immer mehr wird und proportional die Abhängigkeit von anderen wächst, wenn die Menschen aus dem näheren (oder ferneren) Umfeld schweigen oder Unverständnis signalisieren, wenn … . Durch all dies werden wir immer wieder daran erinnert, was uns selbst vermutlich irgendwann bevorsteht.
- uns identifizieren mit Patientinnen, deren Lebenssituation ähnlich ist (zum Beispiel Kinder im selben Alter, ähnliches Umfeld, ähnlicher Krankheitsverlauf …).
- uns manchmal ohnmächtig fühlen. In manchen Situationen gibt es keine Worte oder wir werden selbst von starken Gefühlen überwältigt und möchten am liebsten ein lautes NEIN hinausschreien.
- gelegentlich nicht wissen, ob Frauen, die nicht mehr regelmäßig oder auch gar nicht mehr teilnehmen, aufgrund einer Verschlechterung verhindert oder sogar verstorben sind. (Teilweise werden wir aber auch von Angehörigen informiert, wenn eine Teilnehmerin verstorben ist.)
- immer wieder den Tod von Mitmoderatorinnen ertragen müssen. Vor allem wenn es sich, wie im letzten Jahr geschehen, um eine recht junge, unglaublich liebenswerte Kollegin und Freundin handelt, die zudem alleinerziehende Mutter war – dann ist da so viel Trauer und Wut …

Wie also sorge ich in all dem Schweren selbst gut für mich? – Selbstfürsorge (SFS)

Ich nehme mindestens vier Mal im Jahr Supervision in Anspruch: zwei Mal ein Wochenende in Präsenz, zwei Mal online, dazwischen sind bei Bedarf auch Gespräche mit unseren Psychoonkolog:innen möglich. Supervision gilt zwar häufig der Fremdfürsorge (FFS), aber zu erkennen, wie wichtig und hilfreich sie für mich selbst ist, ist ja wiederum SFS.

Ich nutze verschiedene Rituale zur SFS, so versuche ich, mir vor den Treffen ein paar Minuten Zeit zu nehmen, um mir selbst darüber klar zu werden, wie es mir gerade geht, dies zu akzeptieren und mich auf die folgende Moderation zu konzentrieren. Dabei hilft es mir sehr, dass ich auch noch kurz vor Beginn meinen Kolleginnen mitteilen kann, dass es mir, egal aus welchem Grund, nicht so gut geht und sie darauf Rücksicht nehmen und Teile meiner Aufgaben übernehmen. Diese Möglichkeit, Unterstützung in Anspruch zu nehmen, fiel mir zu Beginn nicht leicht, da ich ungern um Hilfe bitte und oft meine, alles allein schaffen zu müssen, auch wenn es mir eigentlich gerade zu viel ist und mir nicht gut tut. Dies zu erkennen und mich darauf einlassen zu können, ist für mich ein ganz wichtiger Teil der SFS geworden.

Nach Ende des Treffens tauschen wir drei Moderatorinnen und die Psychoonkologin, die das Treffen begleitet hat, uns darüber aus, wie wir uns während des Treffens gefühlt haben, was heute gut oder nicht so gut gelaufen ist, wie die Teilnehmerinnen und ihre Reaktionen auf uns gewirkt haben. Dieser Austausch ist uns sehr wichtig, da wir dadurch nicht mit Selbstvorwürfen, Ärger oder Trauer nach den Treffen allein bleiben. Anschließend streife ich meine Rolle als Moderatorin bewusst ab, indem ich kraftvoll mit den Händen über meinen Körper fahre, als würde ich Wasser von meiner Haut wischen. An manchen Tagen fühle ich mich anschließend müde und erschöpft, dann gönne ich mir die nötige Ruhe, manchmal merke ich, wie aufgewühlt ich noch

Julia Raketic / Shutterstock

Das Teilen und Mitteilen von Erlebnissen und Gefühlen gibt mir die Sicherheit, gut in ein dichtes und sicheres Netz eingebettet zu sein.

bin, dann tut mir eher ein Spaziergang oder Gartenarbeit gut.

Wir Moderatorinnen haben schon sehr bald nach Beginn des Projekts gemerkt, dass der Austausch unter uns ein ganz wichtiger Teil unserer SFS bedeutet. Wir haben daher einen monatlichen Stammtisch ins Leben gerufen, bei dem wir uns sowohl über unsere persönlichen Themen austauschen, seien es gute oder schlechte Verläufe unserer Erkrankung oder der Therapien, als auch über Ereignisse in unserem Umfeld oder über schöne und Mut machende Erlebnisse wie Konzerte oder Urlaube sprechen. Dass hierbei Freude und Trauer und oft auch Humor meistens nahe beieinander liegen und ohne Scham gelebt werden dürfen, tut uns allen sehr gut. Ich denke, ohne diesen Austausch und das wunderbare Gefühl, Teil einer so wertvoll verbundenen Gemeinschaft zu sein, wäre für die meisten von uns die Mitarbeit bei diesem Projekt eher schwierig und kräftezehrend.

Ein weiteres Ritual, das Bestandteil unserer gemeinsamen SFS ist, besteht darin, dass wir nach dem Tod einer Teilnehmerin, die öfter bei unseren Treffen dabei war, zu Beginn des folgenden Treffens ein Abschiedsritual durchführen, in dem eine von uns dreien eine Kerze anzündet, wir eine gemeinsame Schweigeminute abhalten und, falls vorhanden, ein Foto der verstorbenen Teilnehmerin auf dem Bildschirm teilen. Auch wenn eine von uns Moderatorinnen verstorben ist, führen wir dieses Ritual durch, wobei wir uns zusätzlich bei unserem nächsten Stammtisch von dieser Kollegin gemeinsam verabschieden. Dies gibt uns einen gewissen Halt, vor allem das Wissen darum, dass keine von uns in ihrer Trauer allein ist. Diese Rituale haben wir uns selbst beziehungsweise zum Teil auch durch Supervision im Laufe des Projekts erarbeitet, da wir gemerkt haben, dass auch gemeinsame SFS zu unserer eigenen SFS beiträgt, diese auch oft gar nicht voneinander zu trennen sind.

Das gemeinsame Erarbeiten von Ritualen und Konzepten gibt mir immer wieder das Gefühl von Selbstwirksamkeit. Das ist mir wichtig, da ich mich durch meine Diagnose manchmal völlig machtlos und in vielerlei Hinsicht ausgeliefert fühle, sei es durch meine Ängste, durch neue Metastasen oder durch die Nebenwirkungen der Therapien. Das Gefühl, selbst etwas zu gestalten und an einem so wertvollen Projekt mitarbeiten zu können, ist wichtig und stärkend für mich. Dass ich mich selbst aktiv in diese Position bringe, gibt mir immer wieder ein Gefühl von Zufriedenheit und auch Stolz und ich merke, wie gut es mir tut, dass ich auch in dieser Hinsicht gut für mich sorge.

SFS bedeutet für mich auch, mich mit Familie und Freund:innen über meine Rolle, das Projekt und den Verlauf der Treffen (selbstverständlich ohne Namen zu nennen) auszutauschen. Das Teilen und Mitteilen von Erlebnissen und Gefühlen gibt mir die Sicherheit, gut in ein dichtes und sicheres Netz eingebettet zu sein. Überhaupt versuche ich hinsichtlich meines Umfelds, sei es Familie oder Freunde, gut für mich zu sorgen. Das bedeutet für mich auch, mir zu erlauben, Kraft raubende Beziehungen weniger zu pflegen oder sie zu beenden und dafür Kraft gebende Beziehungen zu vertiefen oder auch neue Freundschaften, zum Beispiel mit Frauen aus unserem Moderatorinnenkreis, zu knüpfen. Daher kann ich die Frage, ob es auch positive Seiten meiner Erkrankung gibt, auf jeden Fall mit ja beantworten, hätte ich doch diese wunderbaren Frauen ohne meine Erkrankung nie kennengelernt. Mir selbst die Erlaubnis zu geben, anzuerkennen, dass die Diagnose auch ein paar positive Seiten hat, bedeutet für mich auch ein Teil meiner SFS. Für diese Art der SFS braucht es Zeit, der anfängliche Schock und die Panik müssen anderen Gefühlen erst einmal langsam etwas Platz einräumen. Das dauert(e).

Das Allerwichtigste beim Thema SFS ist für mich jedoch, dass ich mich immer wieder darin übe, das gelegentliche Gedankenkreisen um das Thema Tod und Verlust zu unterbrechen, indem ich mir versichere, dass ich in diesem Moment am Leben bin und es mir recht gut geht, was ja im Endeffekt bedeutet, zu versuchen, so oft und so gut wie möglich im Hier und Jetzt zu leben.

Ich kann es Achtsamkeit für den Augenblick oder auch Verdrängen nennen, wobei ich der Meinung bin, dass letzteres Wort oft einen viel zu negativen Beigeschmack hat. Ich finde, verdrängen zu können, bedeutet für uns, die wir mit Metastasen und damit mit der Unheilbarkeit leben müssen, durchaus auch eine sehr wichtige und manchmal sogar lebensrettende Eigenschaft.

Die Themen Tod, Verlust, Trauer und Angst sind sowieso unsere ständigen Begleiter, da tut es gut, ab und zu einfach mal so zu tun, als existierten sie gar nicht. Die französische Schriftstellerin Germaine der Staël hat 1805 in einem Brief an ihren Sohn Auguste geschrieben: »Ach wie schrecklich, dass wir sterben müssen, und welch ein ewiges Wunder, dass wir das immer wieder vergessen können.«[2] Zu diesem »Vergessen« immer wieder in der Lage zu sein – mich von Zeit zu Zeit der unbewussten Unsterblichkeitsillusion hinzugeben –, bedeutet für mich die höchste Kunst der Selbstfürsorge.

Dr. **Ute Frankhof** ist Fachärztin für Anästhesie und Palliativmedizin. Sie arbeitete, bis zu ihrer Berentung durch Berufsunfähigkeit im Jahr 2018, in verschiedenen Kliniken in Witten und in Hattingen. An der Akademie für Palliativmedizin des Malteser Krankenhauses in Bonn ließ sie sich zur Beraterin in Krisen, Leid und Trauer weiterbilden und absolvierte 2019 die große Basisqualifikation für Trauerbegleitung. Ehrenamtlich ist sie seit vielen Jahren für das Projekt »Wünschewagen« des Arbeiter-Samariter-Bundes tätig. Seit drei Jahren betreut sie als Moderatorin ein Online-Selbsthilfe-Netzwerk der Frauenselbsthilfe Krebs für metastasierte Frauen www.frauenselbsthilfe.de.

Kontakt: frankhofu@gmail.com

Anmerkungen

1 »In der Metta-Meditation wird eine freundlich-wohlwollende Haltung gegenüber allen fühlenden Wesen geübt. Dabei beginnt man zuerst damit, Sätze der liebenden Güte (Metta) an sich selbst zu senden, bevor man die gleichen Sätze an Personen, die einem nahestehen, dann an neutrale Personen und schließlich an Menschen, mit denen man Schwierigkeiten hat, richtet« (Wikipedia »Metta«, Zugriff am 01.05.2023).

2 https://www.abyssal.de/zitate/tod.html (Zugriff am 01.05.2023).

Wohin mit meinen Erfahrungen?

Einblick in die Gefühlswelt einer Psychotherapeutin auf einer Palliativstation

Sandra Burgstaller

Menschen bei ihrem letzten großen Abschied zu begleiten, überstieg vom ersten Tag an meine Erfahrungswerte an Intensität und Tiefe. Täglich in eindrucksvolle Erlebniswelten und berührende Abschiedsszenarien meiner Patient:innen einzutauchen, forderte mich rasch dazu auf, auch meine eigenen Bedürfnisse und Gefühle achtsam und liebevoll anzuerkennen. Hier beschreibe ich einige bedeutsame Momente aus meinem Berufsalltag und erläutere, welche hilfreichen Qualitäten mein selbstfürsorglicher Umgang mit starken Emotionen in mir stärkte und warum sich dies als wichtigster Teil meiner Arbeit herauskristallisierte.

Es war die *Trauer,* mit der ich in Berührung kam. Patient:innen trauern, weil sie besondere Menschen, Aktivitäten und Ortschaften zurücklassen müssen.

Eine 28-jährige Patientin blickte sehnsüchtig auf ihre Trekkingreisen durch asiatische Länder zurück. »Es zerreißt mein Herz, wenn ich an die anspruchsvollen Wegpassagen mit meinem Rucksack, die gewaltigen Berglandschaften und die herzlichen Gesten der Bewohner kleiner Dörfer denke«, meinte sie wehmütig. »Wenn ich gewusst hätte, was mich nach meiner letzten Reise zu Hause erwartet, wäre ich gar nicht mehr ins Flugzeug gestiegen.« Nachdem mir selbst ein Aufenthalt in Nepal bevorstand, schwelgte ich umso mehr in den Bildern, die sie mit ihren Erzählungen zeichnete. Nach meiner Rückkehr wollte ich ihr ein Foto von einem Yak schicken. Dieses hatte ich ihr zugesichert, als wir herzhaft über außergewöhnliche Reisebegegnungen lachten.

Wohin mit der Trauer, die mich ergriff, als ich erfuhr, dass sie bereits auf der Hospizstation verstorben war und ich ihr diesen letzten Wunsch nicht rechtzeitig erfüllen konnte?

Es waren *Ängste,* die ich spürte. Ängste vor Abschieden, Schmerzen, Einsamkeit und Ungewissheit sind einige jener, die mir meine Patient:innen anvertrauten.

Ein 80-jähriger Patient äußerte seine Angst vor dem Alleinsein. »Mein ganzes Leben lang war meine Frau an meiner Seite und jetzt muss ich diese Welt alleine verlassen«, klagte er verzweifelt. Er fühlte sich auch im Krankenhaus sehr einsam und zog sich zunehmend gegenüber unseren Hilfsangeboten zurück. »Meine Frau fehlt mir so sehr. Sie ist mein Leben. Schlimmer als der Tod ist es, dass ich ohne sie gehen muss.«

Wohin mit der Angst, die mich packte, als er mir von seinen beunruhigenden Vorstellungen vom Tod erzählte und dabei die Hand seiner Frau ganz fest drückte?

Die *Wut* auf das Leben war angesichts des Todes ebenso kein seltenes Gefühl. Menschen werden – ungebeten, unangekündigt und schonungslos – von Diagnosen unheilbarer Erkrankungen überrascht. Schwere Krankheitsverläufe zwingen sie dann dazu, mit körperlichen und psychischen Symptomen umzugehen und letzte Angelegenheiten zu erledigen.

Leidfaden, Heft 3 / 2023, S. 43–45, ISSN (Printausgabe): 2192-1202, ISSN (online): 2196-8217, © 2023 Vandenhoeck & Ruprecht

Eine Patientin erzählte von ihrer Krebsdiagnose, die sie vier Monate nach der Geburt ihres zweiten Sohnes bekam. Ihr Sohn war nun vier und ihr älterer Sohn sechs Jahre alt. »Sie werden mich als kranke Mama in Erinnerung behalten – eine Mama, die immer im Bett gelegen ist«, äußerte sie zornig. Sie war wütend und fragte immer wieder nach dem Sinn ihrer Erkrankung: »Warum schenkt mir das Leben Kinder, wenn ich gar nicht für sie sorgen darf?« Spaziergänge durch den Park und Ausflüge zum Badesee mit ihrer Familie blieben ihr verwehrt.

Wohin mit den Wutgefühlen, die mich überkamen, als sie die Unerreichbarkeit ihrer Wünsche betrauerte und keinen Trost dafür finden konnte?

Auch *Schamgefühle* weckten Patient:innen in mir. Viele schämen sich, wenn sie körperliche Funktionen nicht kontrollieren können, intime Wünsche aussprechen oder gesellschaftlichen Erwartungen nicht entsprechen können.

Eine Patientin fühlte sich »nicht gesellschaftstauglich«, da ihr Tumor exulzerierend und dadurch für andere sichtbar war. »Am liebsten will ich sofort sterben, damit mich niemand mehr so sieht.« Sie empfand ihren Körper als Zumutung und schrieb ihren Besucher:innen zu, nur aus Mitleid an ihrem Bett zu verweilen.

Wohin mit der Scham, die in mir auftauchte, als es ihr gelang, mir ihre Wunde zu zeigen und tränenüberströmt ihren Hass auf ihren Körper beschrieb?

Auch von *Schuldgefühlen* blieb ich nicht verschont. Die zeitliche Begrenzung auf einer Palliativstation lässt nur wenige Gelegenheiten, um Patient:innen unterstützend beizustehen und ihre bedeutsamen Anliegen zu behandeln.

> Eine Patientin haderte mit dem Verhalten ihres Ex-Mannes. Dieser reichte nach der Diagnosestellung ihrer schweren Krankheit die Scheidung ein. Sie begann kurz davon zu erzählen, wies mich aber rasch darauf hin, dass ich aufgrund meines Alters nicht die richtige Ansprechperson für sie sei.
>
> Wohin mit den Schuldgefühlen, die ich verspürte, als mir keine überzeugenden Worte oder Fragen einfielen, die es ihr ermöglichten, sich mir zu öffnen?

Nicht zuletzt erfüllte mich auch immer wieder eine unermessliche *Freude*. Patient:innen nutzen ihre letzte Lebenszeit, um in schönen Erinnerungen zu schwelgen.

> Ein 70-jähriger Patient war zu Tränen gerührt, als er mir Fotos von seiner Familie zeigte. »Ich durfte mein Leben mit meiner großen Liebe verbringen. Drei gemeinsame Kinder haben unser Glück dann vervielfacht. Und wenn ich jetzt in die Augen meiner Enkel blicke, weiß ich, dass ich beruhigt gehen kann.«
>
> Wohin mit der unermesslichen Freude, die ich erleben durfte, als mir dieser Patient ganz stolz seinen ältesten Enkel vorstellte und uns in bedeutsame Familienerrungenschaften einweihte?

Psychotherapeutisches Arbeiten bedeutet für mich, mich auf die unterschiedlichen Erfahrungswelten von Menschen einzulassen und ihnen darin Halt zu bieten. Dabei bewegen und berühren mich leidvolle Momente und schmerzhafte Anliegen meiner Patient:innen emotional. So ist es mir wichtig, meine Gefühlswelt zu ordnen und mich anhand meiner bevorzugten Formen der Selbstfürsorge re-

gelmäßig – nicht nur im Bedarfsfall – zu stärken. Aufenthalte in der Natur machen mich mit der Natürlichkeit des Sterbens vertraut; Verkörperungs- und Ritualarbeiten (vgl. Essen 2013) ermöglichen mir, meinen Empfindungen symbolisch einen Platz zu verleihen und mit ihnen in Kontakt zu treten; und der Austausch mit Kolleg:innen lässt Gefühle lachend und weinend von mir abfließen. Nicht zuletzt unterstützt das Schreiben von Gedichten, Tagebucheinträgen und Fachtexten meinen Gefühlshaushalt. Dies ermöglicht es mir insbesondere, meinen Erfahrungsschatz zu sammeln und ihn – wie Samen – in den Boden zu säen.

Anhand dieser vielfältigen Strategien breiten sich zunehmend wertvolle Qualitäten wie *Präsenz, Selbstliebe, Offenheit, Vertrauen* und *Demut* in mir aus (vgl. Burgstaller 2023, Abschnitt 3.4). Diese lassen mich innerlich wachsen, stärken mich und dienen meiner bewussten Ausrichtung in therapeutischen Prozessen. Indem ich sie in mir kultiviere, fällt es mir leichter, in meiner Kraft zu bleiben und mich mitfühlend auf die Themen des Sterbens einzulassen.

So bedanke ich mich nun bei Ihnen, geschätzte Leser:innen, meine doch sehr persönlichen Ausführungen mit Ihnen teilen zu dürfen. Die Samen dieser Zeilen können sich dadurch verbreiten, sollen durch die Verknüpfung mit Ihren Erkenntnissen im besten Fall wachsen und zu einer authentischen und verantwortungsvollen Begleitung von Menschen in höchstanspruchsvollen Lebenssituationen beitragen.

© Johannes Burgstaller

Sandra Burgstaller, MA ist Psychotherapeutin (Systemische Familientherapie), Sozialarbeiterin und Autorin. Sie bietet neben Psychotherapie im Einzel-, Paar- und Familiensetting auch Supervision, Vorträge und Selbsterfahrungsseminare mit spirituell-systemischer Aufstellungsarbeit in freier Praxis an.

Kontakt: praxis@psychotherapie-burgstaller.at
Website: www.psychotherapie-burgstaller.at

Literatur

Burgstaller, S. (2023). Systemische palliative Psychotherapie. Wandlungsprozesse am Lebensende begleiten. Heidelberg.
Essen, S. (2013). Selbstliebe als Lebenskunst. Ein systemisch-spiritueller Übungsweg. Heidelberg.

Davongekommen

Nach dem Gedicht »Wen es trifft« von Hilde Domin

Angelika von Aufseß

Als eine der Strategien der Selbstfürsorge verfasse ich fiktionale Geschichten von lebensbedrohlich erkrankten Menschen. Das Verfremden, das Spielen mit Sprache und Form vermittelt eine gewisse Distanz, die entlastet. Damit verlasse ich die Rolle der Therapeutin und betrete den Raum der Schreibenden und Gestaltenden. Als ich das Gedicht von Hilde Domin las, war ich elektrisiert. Es beschreibt genau die Erfahrungen, die ich in meiner psychoonkologischen Arbeit erlebe. In dem Gedicht entdeckte ich neben dem Leid die Tapferkeit sowie das Glücksgefühl, wenn man noch einmal davongekommen ist.

Du wunderst dich über die Wege, die du gegangen bist. Schmale Pfade, steile Steige, du bist durch schlammige Furten gewandert, durch blühende Alleen, auf lauten Straßen. Selten verliefen die Wege nach deinem Plan. Manche hättest du, wäre es dir möglich gewesen, gern ausgelassen. Lichtlose Gegenden. Nicht eine Blume, nicht ein Strauch am Wegesrand. Sie schienen dir endlos und öde, bis du abzweigtest und dir dein Leben wieder licht war. Die Luft erfüllt von Vogelsang. Lämmer umringten dich wollig. Zurück in freundlichen Zonen. Klare Richtung, eindeutige Schilder: Dort das nächste Ziel, das ist deine Gehzeit, eine Hütte in erreichbarer Nähe, Menschen auf deinen Wegen, Gefährtinnen und Gefährten, ein Gelächter und Gewese, das für immer so hätte bleiben sollen.

Mitten in dieser heiteren Zeit kündigt sich Unheil an. Zunächst im Ungefähren. Ein Verdacht nur. Husten, der nicht enden will. Bleierne Müdigkeit. Dann die Bedrohung und plötzlich bist du umhüllt von dichtem Nebel und grauer Zeit.

Alle Aussicht verwaschen. Du irrst umher in einem Land ohne Form und Farbe, ohne Substanz. Das Land löst sich auf und zerfällt in lose Krumen. Kein Halt nirgends. Du wähnst dich allein, mutterseelenallein. Verlassen selbst von deinem Körper. Gerade von ihm. Was hast du getan, dass er es wagt, dich zu verraten, zu enttäuschen, dass er droht, dich zu verlassen?

Jetzt, wo sich Gefahr in dir eingenistet, wo niemand weiß, ob und wo sie ihre Gewächse verteilt, geht dein Körper dir verloren. Du trägst ihn zum Schlachthof wie ein Lamm. Das Lamm wird dir entrissen. Sie scheren ihm die Wolle. Es blökt und will fliehen. Das Lamm wird in eine Röhre geschoben, es wird vermessen, verändert sich von Tag zu Tag. Dabei soll es nicht geschlachtet, sondern gerettet werden. Doch du erkennst dein Lamm nicht wieder.

In der Nacht liegst du wach, spürst dein Lämmerherz, wie es zitternd schlägt. Schläuche hängen an deinem Körper, diesem geschorenen Lamm. Ganze Bäche fließen in dich hinein, ein steter Strom an fremden Substanzen. Deine Haut hält auf wundersame Weise dein Fleisch zusammen. Noch tut sie das.

Du willst dich erinnern. An die hellen Wege, an die Blumen am Wegesrand und den Vogelsang. All das winkt von ferne dir zu, höhnisch. Es gehört nicht zu dir. Dein ist nur mehr der Schmerz. Der Schmerz und die Lämmerangst. Man schiebt dein Bett durch lange Gänge, wo du liegst und wartest und liegst. Sie meinen es gut mit dir. Aber du gehörst dir nicht mehr. Alles ist weg außer deinem Leben.

Die Strafe der Götter sei über dich gekommen, mutmaßest du und haderst mit deinem Schicksal. Als hätte man dich auserwählt, um zermahlen zu werden in den Mühlen der Medizin. So nachteinsam erscheint dir dein Sein, dass du dir wünschst, nicht mehr zu erwachen. Das Licht in dir macht sich auf zu verlöschen. Das Lamm ist müde. Die Nähte wollen nicht heilen. Die Seele,

Leidfaden, Heft 3/2023, S. 46–48, ISSN (Printausgabe): 2192-1202, ISSN (online): 2196-8217, © 2023 Vandenhoeck & Ruprecht

die bis zuletzt einen Grund wusste, warum ein Morgen, ein Übermorgen, ein nächstes Jahr sich einstellen sollte, versinkt in Trübsal. Kein Grund mehr, nirgends.

Dann beginnt das Blatt sich zu wenden. Die Naht hält, als hätte sie nie etwas anderes getan. Sie hält noch, als sich deine Zeit im Schlachthof dem Ende entgegenneigt. Die Werte, die fortwährend in den höchsten Wipfeln gehaust hatten, wandern talwärts.

Sie wandeln sich zum Erstaunen aller in eine beschauliche Ebene. Kein Ausreißer an keinem neuen Tag. Die Schläuche verlassen deinen Leib, selbst die Wolle wächst nach, wo du nackt warst. In dir keimt still eine Ahnung von Alltag. Ein Becher Kaffee scheint dir als ein heiliges Wunder, dem du in Demut dich näherst. Die Erinnerung kehrt zurück. An Frühstück, Mittagessen, Abendbrot. An Einatmen, Ausatmen. An Wachen und Schlafen. An Lachen und Weinen und den Geschäften nachgehen wie ehedem.

Des Nachts jedoch wollen die Versprechungen sich auflösen, du fragst, ob man Schindluder treiben will mit dir. Du fürchtest das Scheren der Wolle und das Schneiden, das hinter der nächsten Ecke lauert. Du traust nicht dem gewendeten Blatt. Es könnte sich wieder wenden. Der Boden, auf dem du wandelst, ist dünn, hauchdünn.

Im Rollstuhl verlässt du das Haus deiner Leiden. Deine Beine sind dünn geworden. Schlaff liegen die Arme in deinem Schoß. Schlaff hängt die Seele in den Seilen. Zwischen Bangen und Hoffen pendelt dein Sein. Die Bilder der Verzweiflung noch bunt und grell, der Glaube an Zukunft blass und fahl und leicht wie eine Feder. Ein Windstoß reicht, ihn zu verblasen.

Die erste Nacht im eigenen Bett befremdet dich. Fragend sieht dein Zuhause dich an: Wirst du bleiben? Der Blick deiner Liebsten will von dir wissen: Wirst du bleiben? Dein Badezimmer grüßt dich strahlend hell: Wirst du bleiben? Auch dein Bademantel will nicht zurück an den Ort des Schreckens. Wir wollen bleiben! Wir wollen bleiben und das Land der kleinen Freuden zurückgewinnen. Schritt für Schritt wollen wir uns niederlassen in dem, was für alle Zeiten verloren geglaubt war.

Und manchmal läuft das Auge über. Es schwappt über die Wangen, wenn die Liebste dir sanft über deine Wolle streicht, dir den Rücken krault und deine Wunden salbt. Wenn du den Weg vom Bett zum Klo, vom Klo zum Bett geschafft hast ohne Hilfe. Wenn an einem warmen Tag, gehüllt in Decken, du dich küssen lässt von der Sonne. Umspielt von Vogelsang. Vogelsang, der dir entglitten war. Jetzt zwitschern sie dir davon, wie kostbar Frühling ist und welche Wonnen dich erwarten. Hinter deinen geschlossenen Lidern läuft ein Film von fernem Glück. Dem kleinen zarten, unverhofften Glück.

Du schaust aus dem Fenster und siehst die Magnolie. Kahl war sie, nackt und ohne Zierde, als du die Koffer gepackt und dich verabschiedet hast. Jetzt wollen die Magnolienknospen platzen, du kannst hören, wie sie schnauben und prusten unter foliendünner Haut. Nur wenige warme Tage noch, bis der Wandel geschieht. Jedes Jahr hat der Magnolienzauber dein Herz berührt. Du hast ihre Schönheit gepriesen, ihre Kraft und Verlässlichkeit. Jahr um Jahr war Magnolienzeit. Auch dieses Jahr. In der Krone des Baumes schwebt das Versprechen, dass in einem Jahr das Blühen aufs Neue beginnen wird, wieder und wieder. Und du siehst dich frühlingshaft erwachen. Deine Beine werden ausschreiten und wichtige Wege gehen. Dein Leib wird erstarken. In allen seinen Gliedern. Deine Hände werden zugreifen, begreifen.

Auch die Fransen in deinem Kopf werden gescheitelt. Im Dickicht deiner Gedanken entstehen Pfade, die wie Jägersteige durchs Dickicht führen. Unversehens stehst du am See, wo die Sonne sich selig spiegelt. Die Farben kehren zurück.

Deine Schlafanzüge hast du entsorgt, den Rollstuhl des Landes verwiesen. Die Pillen stapeln sich auf dem Küchentresen. Ja, du brauchst noch Hilfe.

Die Magnolie ist längst verblüht, die Rosen stehen kurz vor ihrer zweiten Zeit. Äpfel duften nach Reife. Am Ufer des Sees träumst du, du hättest nur geträumt und wärest froh erwacht. Dein altes Ich grüßt lieb, verschrammt und narbig noch, doch irgendwie vertraut. Als wären Schmerz und Angst und Tod vergangen wie ein schlimmer Alp. Genesen fühlst du dich an manchem neuen Tag.

Du liest die Zeitung. Sie fängt an, dich zu betreffen. Bald schon das erste Buch, dem du zu folgen vermagst. Bis hin zur letzten Seite.

Du stehst im Laden, möchtest sie küssen, die Bäckereifachverkäuferin. Küssen vor Glück, als sie sagt, du seist lange nicht hier gewesen, sie habe dich vermisst.

Auch der Supermarkt erwartet dich. Du verzeihst ihm seinen Umbau. Am Ende hast du alles gefunden. Dein Wagen ist voll. Jemand muss die Kiste dir ins Auto heben. Jemand beim Ausladen helfen. Immer muss jemand sein. Bald schaffst du ganze Tage, ohne dass jemand aushilft, woran es dir mangelt.

Es kommt der erste Abend, an dem du für deine Liebste und deinen Großen kochst. Deine Stirn glänzt, das Haar klebt, du wischst dir mit dem Ärmel die Mühe aus dem Gesicht. Das Curry dampft, treibt euch das Wasser in die Augen. Nicht wegen seiner Schärfe. Zu scharf nix gut, sagst du. Ihr lacht Tränen, als hätte der Witz eine geheime Pointe. Dann wandern die Worte über den Tisch wie ehedem. Was hast du diese Leichtigkeit vermisst! Du hebst das Glas, willst ihnen sagen, wie kostbar dieser Augenblick dir ist: der Reis, der Tee, die Kerzen auf der Fensterbank, der Tisch in seiner hölzernen Festigkeit, der Blick in die Nacht und die Abwesenheit des Alps. Prost, ihr Lieben, auf das Leben, murmelst du zügig und hoffst, sie verstehen die Worte, die zu sagen dir nicht gelingt.

In der Nacht träumst du von Magnolien.

Du wirst aufgenommen im Land der Langzeitüberlebenden. Du denkst: Lange Zeit überleben ist besser als knapp überleben. Lieber eine ganze Playlist als ein einzelner Song. Die Frage beschäftigt dich unablässig: Womit die neue Playlist füllen? Mit den alten Stücken, mit neuen? Aber mit welchen?

Es gibt Überschneidungen. Und es will aussortiert sein. Aussortiert und um Neues ergänzt. Dein Gehör hat sich verändert. Dein Geschmack hat sich verändert. Dein ganzes Wesen hat eine Verwandlung durchlaufen.

Verluste sind zu beklagen, keine Frage. Deine Aufmerksamkeitsspanne ist klein geworden. Du vergisst viel. Deine Energie ist ein scheues Reh. Der Glaube an deine Unverwundbarkeit liegt unter der Erde. Trauernd stehst du an seinem Grab.

Du aber lebst und erlebst ein zweites, dir auf wundersame Weise neu geschenktes Leben. Wer ist dieses überlebende Lamm, das erst morgen, übermorgen oder hochbetagt seinen letzten Atemzug vollendet?

Im Westen geht das Leiden unter, einen blutroten Streifen hinter sich herziehend. Selbst in tiefer Nacht ahnst du das schmerzende Rot am Horizont. Doch im Osten steigt unbeirrt die Hoffnung auf. Du mit ihr. Zurück im geschäftigen Treiben des hellen Tages bist du einer von ihnen. Beinahe. Etwas ist geblieben, das Schweres leichter und Leichtes schwerer macht. Wie ein Fragezeichen, das sich heimlich hinter dem Punkt versteckt. Das Wissen um die jederzeit mögliche Wendung deines Weges begleitet dich. Du bist bereit.

Angelika von Aufseß ist Diplom-Psychologin, Psychoonkologin, Autorin und zertifizierte Schreibgruppenleiterin. Sie ist aktuell Teamleitung am AMEOS Reha Klinikum in Ratzeburg. Daneben begleitet sie die Entwicklung der psychoonkologischen App Living Well und verfasst Kurzgeschichten zum Thema Krankheitsverarbeitung bei Krebs.

Kontakt: ava@avonaufsess.de
Website: www.avonaufsess.de

Literatur

Aufseß, A. von (2015). Schreib an dich! 26 Arten, ein Tagebuch zu führen. München.

Nah beim anderen und nah bei uns selbst: Wie können wir *trotz* Empathie gesund bleiben?

Rainer Simader

»Das könnte ich nie« hören viele professionelle und ehrenamtliche Mitarbeiter*innen, die sich um das Wohlergehen schwerkranker Menschen und deren Angehöriger kümmern, wenn sie von ihrer Tätigkeit berichten. Die Empathie, also das Einfühlungsvermögen, kommt dann schnell zur Sprache. Von beiden Seiten wird sie als Argument benutzt. Die einen, die sagen, dass sie sich gar nicht so in das Leid anderer hineinfühlen könnten oder wollten. Und die anderen, die sagen, dass es genau diese Nähe ist, die ihnen die Kraft und auch den Schutz gibt.

Auch in diversen Aus- und Weiterbildungen wird der Empathie eine zentrale Rolle gegeben – mit dem Ziel, unser Gegenüber in seiner Ganzheit zu verstehen, um gut für ihn oder sie sorgen zu können.

In meinem Beitrag möchte ich der Frage nachgehen, was mit uns Helfer*innen passiert, wenn wir so nah am anderen sind und die Fähigkeit, empathisch zu sein, einsetzen. Wie kann Empathie uns selbst gegenüber so gelingen, damit wir die eigenen Belastungsgrenzen nicht überschreiten?

Was ist Empathie eigentlich?

Empathie ist das Einfühlungsvermögen in eine andere Person. Wir wollen emotional fühlen sowie kognitiv verstehen, wie es dem anderen geht. Was ebenfalls wichtig ist: Wenn wir empathisch sind, wir also in die Erlebniswelt eines anderen Menschen eintauchen, so bringt uns das immer mit eigenen Erinnerungen und Empfindungen in Resonanz. Automatisch scannt unser Gehirn, ob wir eine solche oder eine ähnliche Situation be-

reits einmal oder öfter erlebt haben, sie wird mit Gefühlen verglichen, die wir bereits einmal zu einem solchen Thema hatten. Dies bedeutet also, dass Empathie einen stetigen Dialog zwischen eigenen und den fremden Empfindungen darstellt.

Was passiert in uns, wenn wir empathisch sind?

Wie bei vielen menschlichen Prozessen, sei es bei Prozessen in uns oder zwischen zwei oder mehreren Personen, ist unser Nervensystem intensiv beteiligt. Um empathisch sein zu können, brauchen wir Spiegelneurone. Diese sind vor allem motorische Hirnnervenzellen, die besonders aktiv sind, wenn es um emotionale Situationen geht. »Motorische Zellen« bedeutet, dass sie für Bewegung mitverantwortlich sind beziehungsweise körperliche Reaktionen auslösen. Und dies geschieht eben dann, wenn besonders viele Gefühle im Spiel sind. Diese Reaktion auf emotionale Situationen kann man sich erklären, weil die Spiegelneurone eine enge Verbindung zur Amygdala, also dem Mandelkern in unserem Gehirn haben. Diese Amygdala kann man sich als Festplatte im Gehirn für emotionale Erinnerungen vorstellen. Wann immer wir mit Emotionen konfrontiert werden oder sie fühlen, werden diese Gefühle und Erlebnisse in diesem Speicher abgelegt.

Jedes Säugetier, so auch der Mensch, hat Spiegelneurone. Insofern erleben wir diese körperlichen Reaktionen auf emotionale Situationen im Alltag häufig. In manchen Situationen wird dieser Prozess bewusst genutzt. Zum Beispiel in therapeutischen Situationen, wo das Hineinfühlen ein ganz bewusst genutztes »Therapeutikum« ist.

Leidfaden, Heft 3 / 2023, S. 49–52, ISSN (Printausgabe): 2192-1202, ISSN (online): 2196-8217, © 2023 Vandenhoeck & Ruprecht

Wenn wir empathisch sind, wir also in die Erlebniswelt eines anderen Menschen eintauchen, so bringt uns das immer mit eigenen Erinnerungen und Empfindungen in Resonanz.

Viel öfter passiert dies ganz automatisch im Alltag. Hier sind drei Beispiele: Sie sitzen mit Ihrer besten Freundin in einem Kaffeehaus und diese Freundin erzählt Ihnen ganz beseelt und beglückt, dass sie frisch verliebt ist. Mit detaillierten Ausschmückungen schildert sie das Kennenlernen und den ersten Kuss. Bald stellen Sie fest, dass Sie beide in der gleichen Körperhaltung dasitzen.

Ein anderes Beispiel zeigt, wie Spiegelneurone im klinischen Setting wirken. Stellen Sie sich vor, sie betreten ein Zimmer, in dem sich ein*e Patient*in mit Atemnot befindet. Diese erkrankte Person hat die Schultern hochgezogen, sie atmet schnell und oberflächlich, in ihrem Gesicht steht die Angst geschrieben und ihr ganzer Körper ist starr. Sie selbst waren beim Betreten des Raums noch ganz entspannt und ruhig und binnen weniger Sekunden steigt Ihr Blutdruck und Ihre Körperspannung und Ihre Pupillen weiten sich und ihre Atmung beschleunigt sich. Ihr Körper reagiert also unmittelbar auf eine emotional bedrohliche Situation.

Im Übrigen haben auch erkrankte Menschen Spiegelneurone und deshalb wirkt Ihre eigene Ruhe, Ihre entspannte Atmung und Muskulatur auch unmittelbar auf diese erkrankte Person in einer Krise. Spiegelneurone können also bewusst genutzt werden, um anderen Menschen zu helfen.

Das dritte Beispiel entführt sie in eine afrikanische Savanne. Eine große Herde von Gazellen grast friedlich. Der hungrige Gepard befindet sich allerdings schon in der Nähe. Eine einzige Gazelle bemerkt den Feind und innerhalb von Bruchteilen einer Sekunde flüchtet die gesamte Herde, obwohl sicher nicht alle den Geparden gesehen haben. Auch hier beobachten wir dasselbe Muster: Eine unbewusst emotional erlebte Situation führt automatisch zur Reaktion des Körpers.

Was aber hat eine Gazelle in der Serengeti mit unserer Arbeit mit Menschen in Krisen, Leid und Trauer zu tun?

Wir erleben viele Situationen, in denen wir Eindrücke aufnehmen, die für unser Gehirn potenziell »gefährlich« sind. Es gibt genügend Sinnesorgane, die Eintrittspforten für Belastendes und Traumatisches sind: Wir hören Geschichten, die »es in sich haben«, wir sehen von der Krankheit gezeichnete Körper, wir nehmen mit Krankheit und Leid assoziierte Gerüche wahr oder wir berühren diese vulnerablen Körper (und Berührung

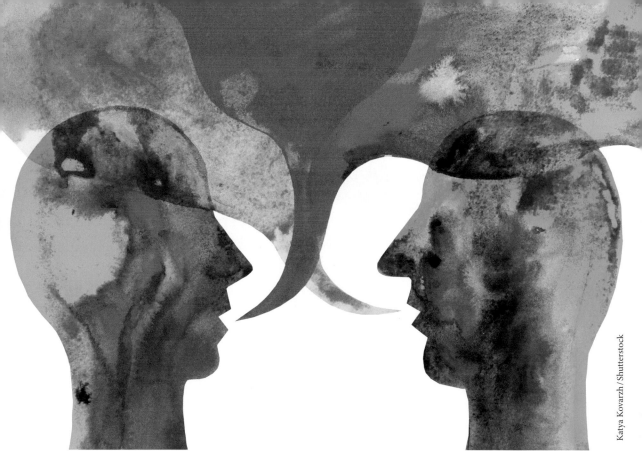

ist bekanntlich keine Einbahnstraße). Die uns anvertrauten Menschen bringen zahlreiche emotionale und körperliche Traumata mit, die dann auf uns und in uns wirken. Es ist nicht verwunderlich, dass Mitarbeiter*innen von Palliativeinrichtungen eine viermal höhere Lebenszeitprävalenz haben, eine posttraumatische Belastungsstörung zu entwickeln, wie eine Studie von O'Mahony und Kolleg:innen (2016) zeigte. Die Gefahr, *sekundär traumatisiert* zu werden, dass also die Traumata von anderen in uns wirken, weil unser eigenes Nervensystem auf deren Geschichten, Aussehen, Gerüche etc. reagiert, ist sehr groß.

Wenn wir immer wieder in diesen Situationen sind, so wird auch unser Körper immer wieder dementsprechend reagieren. Wenn als Reaktion auf diese evolutionär erlebte Bedrohung beispielsweise unser Blutdruck oder unsere Muskelspannung über einen langen Zeitraum leicht erhöht oder unsere Atmung oder Herzschlag etwas verändert ist (und unser Körper hat genügend weitere Organe und Strukturen, die sich in solchen Situationen verändern), wird es gefährlich. Wenn wir diese Veränderungen nicht ausgleichen, so werden wir zwar nicht gefressen, aber wir werden krank.

Wie können wir trotz Empathie gesund bleiben?

»Ich mach das schon so lange, das macht mir nichts mehr aus«, ist eine Aussage, die nicht selten zu hören und brandgefährlich ist. Denn je öfter wir mit oben genannten emotional traumatischen Situationen konfrontiert werden, desto sensitiver reagiert unsere Amygdala und desto schneller und intensiver werden die körperlichen Auswirkungen. Ein Burnout oder chronische Erkrankungen entstehen bekanntlich nicht am ersten Arbeitstag.

In jedem Problem steckt auch die Lösung. Wir können die Geschichten unserer Patient*innen und der An- und Zugehörigen nicht *nicht* hören. Wir können auch nicht einfach die unangenehmen Gerüche nicht mehr riechen. Aber: Wir können empathisch mit uns selbst umgehen. Wir können hinfühlen, wahrnehmen und verstehen, was in diesen Situationen in uns und vor allem mit unserem Körper passiert. Wie reagiert mein Körper, wenn ich die Geschichte höre, als mein Patient die Diagnose erfahren hat? Spanne ich mich an? Atme ich flach? Und: Erlaube ich mir in solchen Situationen, dass es meinem eigenen

Mary Long / Shutterstock

Körper gut gehen darf und er nicht durch das Trauma des anderen in Mitleidenschaft gezogen werden muss?

Empathie für uns selbst bedeutet, dass ich, während ich fürsorglich und inniglich bei meinem Gegenüber bin, gleichzeitig wahrnehme, wie es mir und meinem Körper in dieser Situation geht, und entsprechend darauf reagiere, was mein Körper braucht. Unser Körper ist ein wunderbarer Supervisor.

So bleiben wir trotz der wichtigen Empathie gesund und hilfreiche Helfer:innen.

© Christian Kaufmann

Rainer Simader ist Physiotherapeut sowie Tanz- und Ausdruckstherapeut. Er leitet das Bildungswesen beim Dachverband Hospiz Österreich, er ist Vorstandsmitglied der österreichischen Palliativgesellschaft und im Leitungsteam des Universitätslehrgangs Palliative Care.

Kontakt: rainer.simader@hospiz.at

Literatur

O'Mahony S., Gerhart, J. I.; Grosse, J.; Abrams. I.; Levy, M. M. (2016). Posttraumatic stress symptoms in palliative care professionals seeking mindfulness training: Prevalence and vulnerability. In: Palliative Medicine, 30, 2, S. 189–192.

Burnout – warum es meist die »Netten« erwischt und was Sie vorbeugend tun können

Daniela Berg

»Seit 15 Jahren arbeite ich für diesen Hospizdienst und ich mag meine Arbeit eigentlich sehr. Aber in letzter Zeit kann ich mich morgens kaum noch motivieren aufzustehen, weil ich so einen Horror davor habe, was mich auf Arbeit wieder erwartet. Ich ertappe mich dabei, wie ich unverhältnismäßig gereizt reagiere, wenn eine Kollegin etwas von mir will, was zusätzliche Arbeit für mich bedeutet. Oder wie angespannt ich werde, wenn nur das Telefon klingelt, weil es ja eine neue Anfrage für eine Sterbe- oder Trauerbegleitung sein könnte, und wir können jetzt schon nicht alle bedienen. Mir ist alles zu viel und ich hangle mich nur noch von Tag zu Tag und Woche zu Woche. In meiner Freizeit kann ich mich kaum noch aufraffen, irgendwas Schönes zu unternehmen oder auch nur Freundinnen zu treffen.«

Solche Berichte wie diesen von Frau G., der 49-jährigen Koordinatorin eines Hospizdienstes, höre ich zunehmend in letzter Zeit. Die Mitarbeitenden im sozialen Bereich, die ich als Supervisorin überwiegend begleite, sind nachweislich besonders gefährdet, an Burnout zu erkranken.[1] Das verwundert nicht, ist ihre Arbeit doch von einem hohen Anteil zwischenmenschlicher Interaktionen geprägt, wodurch sie andauernd in ihrer Rolle als Helfende oder Beratende für andere Menschen gefordert sind. Darüber hinaus werden der stetig steigende Fachkräfte- und Personalmangel, erhöhter Dokumentationsaufwand und nicht zuletzt die besonderen Erfordernisse und erschwerten Arbeitsbedingungen während der Pandemie von den Supervisand*innen immer wieder als sehr belastende und herausfordernde äußere Faktoren benannt. Sie tragen zu einem Anstieg von physischen, aber vor allem auch psychischen Erkrankungen wie Burnout bei.

Was versteht man eigentlich unter »Burnout«?

In Intensivseminaren, die ich an der Seite von Helen Heinemann, Leiterin des Instituts für Burnout-Prävention in Hamburg, leiten darf, vermitteln wir den gestressten Frauen: »Ein Burnout ist ein tiefgreifender psychosomatischer Erschöpfungszustand, verbunden mit dem Verlust der Erholungsfähigkeit. Er betrifft den Menschen kognitiv und körperlich, seelisch und emotional. Ursache und zentrales Merkmal, also Kern des Burnouts, ist die emotionale Erschöpfung« (Heinemann 2021, S. 33). Viele der Merkmale eines Burnouts sind in dem Bericht von Frau G. am Anfang dieses Artikels zu finden: chronisches Erschöpftsein, Überforderungsgefühle, erhöhte Reizbarkeit und Feinfühligkeit, mangelnde Regenerationsfähigkeit und Schlafstörungen, Rückzug aus sozialen Kontakten in der Freizeit und das Aufgeben von Hobbys und damit von eigentlich wichtigen Kraftquellen – ein Teufelskreis.

Die meisten Betroffenen nehmen diese Merkmale zwar wahr, sind aber oft lange nicht in der Lage, sie als Warnsignale ernst zu nehmen. Solange es irgend geht, wird weitergemacht wie bisher, wird »funktioniert«. Die Ursachen für eine solche »Leidensbereitschaft« vieler im sozialen Bereich mit großem Engagement tätigen Menschen sind häufig eine hohe Identifikation mit der Arbeit und ein großes Verantwortungsgefühl für Klient*innen und Kolleg*innen, die man nicht

Leidfaden, Heft 3 / 2023, S. 53–56, ISSN (Printausgabe): 2192-1202, ISSN (online): 2196-8217, © 2023 Vandenhoeck & Ruprecht

»hängen lassen« will. Dem gegenüber steht leider allzu oft ein sehr viel geringeres Verantwortungsgefühl für sich selbst. Die eigenen Bedürfnisse nach Ruhe, Erholung, regelmäßigen Pausen oder einfach nach einem klar strukturierten und begrenzten Aufgabenfeld werden von solchen nicht selten höchst engagierten Mitarbeitenden oft lange ignoriert. In vielen Fällen muss dann erst der Körper »streiken«, indem er krank wird.

Sind die von Burnout Betroffenen also einfach nicht in der Lage, sich abzugrenzen und gut für sich zu sorgen?

Die Sache mit dem Stress

Eine wesentliche Ursache von Burnout ist Stress, genauer gesagt dauerhafter, chronischer Stress. Doch nicht jede stressige Situation führt gleich in den Burnout. Eigentlich ist Stress beziehungsweise unsere Reaktion auf äußere Stressoren sogar etwas sehr Sinnvolles, denn es diente früher unserem Überleben und hilft uns auch heute noch, herausfordernde Situationen zu meistern, indem unsere Körperfunktionen (Herzschlag, Blutzufuhr, Atmung, Muskeltonus) auf Touren gebracht werden. Die damit einhergehende Ausschüttung der Hormone Adrenalin und Cortisol kann die Leistungsfähigkeit steigern. Wir werden wacher, aktiver, fokussierter.

Sicher haben Sie diese Effekte von Stress schon einmal erlebt und vielleicht auch, wie gut es sich anfühlen kann, hoch konzentriert einen Punkt nach dem anderen von der To-do-Liste zu erledigen und am Ende des Tages stolz auf das Geschaffte zu sein. Dennoch macht zu viel und vor allem zu lange anhaltender Stress früher oder später krank, da ein durchgängig hoher Adrenalin- und Cortisolspiegel den Körper schädigt. Es ist wie bei einem Motor, der die ganze Zeit auf Hochtouren läuft und dadurch schneller verschleißt.

Stressigen Situationen sind wir aber nicht nur im beruflichen Kontext ausgesetzt, sondern – mehr, als uns lieb ist – auch in unserem Privatleben. Mit den erschöpften Frauen in den Burn-

out-Präventionsseminaren machen wir deshalb immer eine sogenannte »Tageslaufanalyse«. Auf einem Arbeitsblatt tragen die Frauen die Aktivitäten und Tätigkeiten eines normalen Arbeitstages zu den jeweiligen Zeiten ein und kennzeichnen durch ein Plus, ein Minus oder einen Kreis, ob sie die jeweilige Tätigkeit als Energie gebend, Energie kostend oder neutral einschätzen.

In so einer Analyse wird deutlich, dass »Stress« ein höchst individuelles Phänomen ist. Das hat damit zu tun, dass keine Situation per se ein Stressor, also stressauslösend ist, sondern dass dies

Max Beckmann, Frau mit rotem Hahn, 1941 / akg-images

Tageslaufanalyse

Tragen Sie die Tätigkeiten eines normalen Arbeitstages ein.

Positiv: +   Neutral: o   Negativ: +

0 – 1 Uhr	Schlafen	+	
1– 2 Uhr	Schlafen	+	
...			
7 – 8 Uhr	Wecken und Frühstück		– –
8 – 9 Uhr	Kinder zur Schule bringen und Weg zur Arbeit		–
....			
22 – 23 Uhr	Fernsehen	o	
23 – 0 Uhr	Schlafen	+	

ganz entscheidend mit unserem Empfinden sowie unserer Interpretation und Bewertung der Situation zu tun hat.

Intrapersonale Stressoren

Das Erleben von Stress und damit am Ende auch das Risiko, an Burnout zu erkranken, hängt neben vielen äußeren Faktoren also auch von unserer Persönlichkeitsstruktur ab. Durch manche Verhaltensweisen, Eigenschaften oder

Muster wie beispielsweise Nicht-Nein-Sagen können, sich zu viel vornehmen, Perfektionismus, alles unter Kontrolle haben wollen, Erwartungen
anderer erfüllen wollen oder der Wunsch nach
Anerkennung machen sich Menschen selbst Stress
oder verstärken potenziell stressige Situationen.

Die gute Nachricht ist: Da all diese Dinge
in uns selbst liegen, sind sie Stellschrauben, an
denen wir drehen können, um unser Stressniveau
zu senken. Das geht – wie fast jede Persönlichkeitsentwicklung oder Verhaltensveränderung –
nicht von heute auf morgen, denn dahinter liegen
oft tief verwurzelte Glaubenssätze und verinner-
lichte Überzeugungen, die es erst einmal zu erkennen gilt. Vielleicht sind es Sprüche wie: »Erst
die Arbeit, dann das Vergnügen« oder »Ohne
Fleiß, keinen Preis«? Wir können solche – oft unbewussten – Überzeugungen auf den Prüfstand
stellen und gegebenenfalls so für uns umformulie-
ren, dass sie in der heutigen Situation für uns pas-
sender und hilfreicher sind und unserem inneren
Antreiber oder unserer inneren Kritikerin damit
etwas entgegenstellen. Wir können lernen, Nein
zu sagen, weniger perfekt oder nicht immer stark
sein zu wollen. Wir können üben, unsere eigenen
Bedürfnisse wahr- und ernst zu nehmen und wir
können uns kleine »Anker« suchen, die uns daran
erinnern, dass es (in den meisten Fällen) nicht um
Leben und Tod geht, wenn beispielsweise ein Ab-
gabetermin nicht eingehalten werden kann.

Wie lässt sich Burnout vorbeugen?

- Atmen Sie, wann immer es Ihnen möglich
  ist, bewusst tief ein und aus. Sie geben damit
  ihrem Gehirn das Signal »Mir geht es gut, es
  ist alles in Ordnung« – und das hilft zu entspannen. Schon drei bewusste, tiefe Atemzü-
  ge machen einen großen Unterschied.
- Machen Sie regelmäßig Pausen – gerade dann,
  wenn Sie meinen, es sich nicht leisten zu können. Nur dann können bestimmte stresssen-
  kende Hormone wirken und Ihr Nervensystem hat eine Chance, zur Ruhe zu kommen.

- Bewegen Sie sich – auch während der Ar-
  beitszeit. Bewegung baut nachweislich Stress
  ab. Eine bewegte Mittagspause an der fri-
  schen Luft oder auch eine Runde Schatten-
  boxen auf der Toilette nach einem unangenehmen Gespräch können helfen, einen
  gesunden Abstand zu schaffen zu dem, was
  über die Maßen herausfordert.
- Identifizieren Sie Ihre eigenen »intraperso-
  nalen Stressoren« und finden Sie heraus, wie
  Sie sie verändern können. Überprüfen Sie
  zum Beispiel Ihre Glaubenssätze zum Thema
  Arbeit und finden Sie für den nervigsten eine
  neue, für Sie jetzt stimmigere Formulierung.
- Schreiben Sie statt einer To-do-Liste mal
  eine »Done-Liste« und richten Sie Ihren
  Blick immer wieder einmal ganz bewusst
  auf das, was Sie jeden Tag schaffen, meistern und bewältigen. Damit schärfen Sie Ihr
  Selbstwirksamkeitserleben.
- Machen Sie sich bewusst, was Ihnen wirklich Freude macht, Ihnen Kraft gibt, Ihr inneres Feuer zum Brennen bringt, für Sie
  Sinn macht, und schaffen Sie sich so oft wie
  möglich Räume, in denen Sie diese Dinge
  erleben können.

Daniela Berg studierte Evangelische
Theologie und arbeitet als Systemische
Supervisorin, Coachin und Trainerin in
Potsdam, Berlin und Brandenburg. Einer
ihrer Arbeitsschwerpunkte liegt in der
Supervision ehrenamtlicher Hospizmit-
arbeitender und deren Ausbildung in
der Trauerbegleitung. Sie berät Unternehmen zum Themen-
bereich »Sterben, Tod und Trauer« und ist Trainerin am In-
stitut für Burnoutprävention in Hamburg.
Kontakt: post@draufblick-potsdam.de
Website: www.draufblick-potsdam.de

Literatur
Heinemann, H. (2021). Irgendwas muss anders werden. Neue
    Wege aus der Erschöpfung. Hamburg.

Anmerkung
1 Vgl. https://de.statista.com/statistik/daten/studie/239672/
    umfrage/berufsgruppen-mit-den-meisten-fehltagen-
    durch-burn-out-erkrankungen/.

Briefe verbinden
Schätze für ein erfülltes Leben

Gaby Trombello-Wirkus

»Da steht er vor mir, der Karton. Gerade aus dem Keller geholt und noch etwas staubig. Ich bin durch Zufall heute darauf gestoßen, als ich eigentlich etwas ganz anderes suchte. Aber dann konnte ich nicht daran vorbeigehen. Auch wenn ich genau weiß, was darin ist, ist die Vorfreude, nach so langer Zeit wieder einmal den Inhalt des Kartons zu erkunden, groß. Ich öffne ihn und vor mir liegen die wichtigen Briefe meines Lebens. Die, die ich vor vielen Jahren an meine Eltern geschrieben habe und die ich nach ihrem Tod bei ihnen wiedergefunden habe. Die Briefe und Karten, die meine Eltern mir zu wichtigen Ereignissen in meinem Leben geschrieben haben. Aber auch die Postkarten aus lange vergessenen Urlauben und die aufbewahrten Liebesbriefe aus vergangenen Jahren. Briefe von Freunden aus Zeiten, bevor die digitalen Medien die Kommunikation schnell und unkompliziert, aber vielleicht auch etwas weniger persönlich und nachhaltig gemacht haben.«

Zeitmaschine Brief

Wie wertvoll Briefe für unser eigenes Leben sind, erkennen wir zum Beispiel in den Momenten, in denen wir den Verlust eines Menschen fast körperlich spüren. Sei es, weil dieser Mensch sich fern von uns aufhält. Oder weil wir den Kontakt verloren haben und uns ein Streit oder Missverständnis entzweit hat. Vielleicht ist dieser besondere Mensch sogar verstorben. Wir vermissen ihn. Wir vermissen sie. Ein Brief kann uns wieder vereinen. Das Lesen alter Korrespondenz lässt die andere Person für uns lebendig werden. Wir durchleben die geschilderten Momente in unserer Erinnerung. So oft wir die Briefe lesen.

Aber ist dir schon einmal der Gedanke gekommen, genau jetzt selbst einen neuen Brief zu schreiben? Mit etwas Papier, deinem Lieblingsstift und ganz freien Gedanken. Es gibt viele Gründe, dies wieder einmal zu tun.

Heilende Worte mit Poststempel

Ein Grund ist, uns mit anderen Menschen zu verbinden, die eine schwere Zeit durchleben. Ihnen Empathie und Wertschätzung zu zeigen. Gibt es einen Menschen in deinem Leben, der momentan etwas Aufmunterung und Trost gebrauchen kann? Warum schenkst du ihm nicht etwas von deiner Zeit und deinem Mitgefühl? Lass ihn spüren, nicht allein zu sein. Zeig, dass du an ihn oder sie denkst. Nimm Kontakt auf.

Nur wie? Manchmal möchte man nicht telefonieren. Wir empfinden es in bestimmten Situationen vielleicht als zu direkt und haben Angst, nicht die richtigen Worte zu finden. Natürlich ist die kurze Textnachricht per Smartphone immer eine gute Idee. Aber oft reicht das eben nicht. So schnell, wie sie getippt, geschrieben und gelesen wurde, so schnell ist sie oft auch wieder vergessen.

Ein handgeschriebener Brief ist hier persönlicher, nachhaltiger in seiner Haptik und seiner Präsenz. Er liegt auf dem Tisch, wird immer wieder zur Hand genommen. Er ist mit Bedacht geschrieben, wird nochmal gelesen und vielleicht mit jedem Mal besser verstanden.

Wenn du dir die Zeit dafür nimmst, kannst du auf das Problem des Empfängers eingehen und deutlich machen, dass du seine Gefühle

Leidfaden, Heft 3/2023, S. 57–59, ISSN (Printausgabe): 2192-1202, ISSN (online): 2196-8217, © 2023 Vandenhoeck & Ruprecht

und Nöte verstehst. Vielleicht versuchst du auch durch Trost und Aufmunterung seinen Blick auf das Morgen und das Positive zu richten. Je persönlicher und herzlicher du deine Worte wählst, umso mehr wird sich die Empfängerin verstanden, weniger verlassen und allein fühlen.

Das Schreiben von Briefen ist eine so wunderbare Art, auch die eigenen Gedanken und Gefühle zu sortieren. Vielleicht auch besser zu verstehen. Du reflektierst das Vergangene und kannst es einordnen. Um die eigene Trauer zu verarbeiten, kann es durchaus ein Weg sein, einen Brief an die schmerzlich vermisste oder verstorbene Person zu richten. Ohne ihn jemals abzuschicken.

Durch das Formulieren der Emotionen und des gemeinsam Erlebten wird dir bestimmt vieles klarer. Neue Perspektiven tun sich auf. Natürlich wird der Brief nicht all deine Wunden heilen, aber vielleicht den Blick eher auf die schönen gemeinsamen Erinnerungen als auf die Trauer richten.

Colourbox

Die Freude am Austausch

Doch nicht nur Schmerz sollte ein Grund sein, wieder einmal zu Papier und Feder zu greifen. Im Gegenteil. Stell dir vor, wie schön es ist, wenn ein Mensch, der dir einmal viel bedeutet hat oder es heute noch tut, den Briefkasten öffnet und etwas anderes als nur gedruckte Post aus dem Kasten holt. Einen handgeschriebenen Brief von dir. Ein kurzer, herzlicher Gruß oder ein längerer, reflektierter Brief. Voller geteilter Erinnerungen und positiver Emotionen. Was für ein Geschenk. Die Zeilen haben einen langen Weg hinter sich und sind nun angekommen. Wer weiß – vielleicht der Beginn von etwas Neuem? Frischt ihr euren Kontakt wieder auf? Kann ein altes Missverständnis aus dem Weg geräumt werden? Du hast einen ersten Schritt getan. Auf eine sehr persönliche und herzliche Art.

Die schönsten Brieffreundschaften sind so entstanden. Enkel, die Spaß daran gefunden haben mit ihren Großeltern wieder auf diese, in ihren Augen »altmodische« Art zu kommunizieren. Kinder, die gerade erst mit dem Schreiben begonnen haben und es kaum erwarten können zu zeigen, was sie können, schreiben sich untereinander und verlangen von ihren Eltern, die Briefe mit einer richtigen Briefmarke zu versenden.

Oder alte Freunde, die sich jedes Jahr zu Weihnachten berichten, was im vergangenen Jahr in ihrem Leben so alles passiert ist.

Ein lohnenswertes Experiment

Und hast du auch einmal darüber nachgedacht, dir selber einen Brief zu schreiben? Was wolltest du dir schon längst einmal eingestehen und über was möchtest du in deinem Leben nochmal nachdenken? Was muss einmal ausgesprochen oder – in diesem Fall – aufs Papier gebracht werden, um es dann endlich loszulassen?

Du formulierst Wünsche und beschreibst ganz bildlich, für was du alles dankbar in deinem Leben bist.

Möglicherweise möchtest du deinen Blick auch in die Zukunft richten.

Es ist wirklich spannend, sich einmal auf dieses Experiment einzulassen.

Wahre Schätze

Handgeschriebene Briefe und Karten haben immer einen speziellen Wert. Du hast dir Zeit genommen für dich und den anderen. Der kreative Prozess, deine Gedanken in Worte zu fassen, ist manchmal herausfordernd. Denn du hältst so nicht nur besondere Momente fest, sondern gibst auch etwas von dir preis. Sich so zu öffnen, ist nicht immer leicht. Aber extrem lohnenswert.

Vermutlich wird auf einem Dachboden oder in einem Keller in einigen Jahren keine SMS oder Textnachricht gefunden. Aber bestimmt ein Brief von dir. Dann wird er angefasst, nochmals gelesen und die schönen Emotionen und Erinnerungen sind sofort greifbar und ganz nah.

»Nachdem ich den Karton geöffnet habe, weiß ich zuerst gar nicht, wo ich mit dem Lesen beginnen soll. Eine echte Schatzkiste steht vor mir und ein seltsames Gefühl macht sich breit. Meine eigenen Briefe in Kinderschrift. Bemalt und verziert. Dann meine veränderte, gereifte Schrift – während des Studiums und in späteren Lebensphasen. Immer noch erkennbar und doch ganz anders. So viele Schätze, so viele Erinnerungen.

Und dann halte ich eine Karte meiner Eltern in der Hand. Glückwünsche zum bestandenen Abitur. Die Schrift meines Vaters. In dem Moment ist es, als halte ich ein Stück von ihm in meinen Händen. Ich kann vor mir sehen, wie meine Eltern sich gemeinsam einen Text überlegt haben und mein Vater ihn dann aufgeschrieben hat. Er ist mir in dem Moment so nah und mich erfüllt eine große Dankbarkeit für alles, was er für mein Leben bedeutet hat. Der Füller, mit dem er geschrieben hat, ist heute in meinem Besitz und wird sorgsam gehütet.

Vielleicht schreibe ich heute damit wieder einmal selber einen Brief. Oder eine Postkarte. Beim Schreiben zur Ruhe finden und die Gedanken bündeln. Etwas Selbstfürsorge, auf die ich mich sehr freue. Ich weiß auch schon, an wen ich meine Post sende.«

Gaby Trombello-Wirkus absolvierte ein Grafik-Studium in Florenz, gründete eine Werbeagentur sowie die Schreibwerkstatt SCHRIFTSCHATZ in Düsseldorf. Hier können Workshopteilnehmer*innen die Freude am schönen Schreiben mit der Hand wiederentdecken.

Kontakt: hello@schriftschatz.de
Website: www.Schriftschatz.de

Literatur

Müller, T.; Trombello-Wirkus, G. (2020). Die fast vergessene Kunst des Briefeschreibens. Asslar.

Urlaub am Herd oder: Die Küche als Ort der Selbstsorge

Johannes Bucej

Meine Küchenschürze ziert ein Motto: »*Kochen ist wie ein kleiner Urlaub*«. Nun, nicht jede und jeder wird diese Meinung teilen. Kochprofis, deren Alltag in der Gastronomie eher Stress und lange Arbeitstage bedeutet, kennen auch die Schattenseiten, selbst wenn sie ihrem Beruf gern nachgehen, und für viele andere Mitmenschen ist dies eher eine lästige Alltagstätigkeit.

Freudige Erwartung: Die süße Qual der Wahl

Auch ich bereite nicht täglich ein Menü zu oder experimentiere am Herd. Auf mich trifft diese Einstellung aber zu, und nicht nur deshalb, weil es mir vielleicht die Möglichkeit gibt, in Erinnerungen an oder in Vorfreude auf den nächsten »richtigen« Urlaub zu schwelgen, auch wenn es an solchen Orten unvergessliche kulinarische Erlebnisse gab. Mit »Urlaub« meine ich direkt und unmittelbar mein Tun am Herd. Ich merke es, sobald ich besagte Küchenschürze umbinde - nein, eigentlich schon früher. Denn der Zubereitung gehen diverse Schritte voraus, die für mich zum Erlebnis dazugehören. Schon die Entscheidung, was ich kochen will, das Durchstöbern von Rezepten und das Besorgen der Zutaten sind Teil der Vorfreude. Vielleicht wächst manches von dem, was ich benötige, schon im Kleingarten, den ich zusammen mit einer Freundin seit einigen Jahren bestelle, vielleicht sind es auch nur ein paar Kräuter auf der Fensterbank oder dem Balkon, die ich gezogen habe und die meinen Gerichten noch das gewisse Etwas geben. Vielleicht habe ich Lust auf ein bestimmtes Essen, bekomme aber wichtige Zutaten nicht und überlege mir eine Al-

ternative oder eine andere Zubereitungsart. Oder ich schlendere über den Wochenmarkt und lasse mich vom Angebot inspirieren. Dann kann es ebenfalls sein, dass ich meine Pläne schon mal ändere. Doch wenn alles geklappt hat und ich endlich loslegen kann, steht mir eine wundervolle Zeit bevor, in der ich mich in meine Tätigkeit voll versenken kann. Das Glas »Kochwein« auf der Arbeitsfläche signalisiert ebenfalls, dass es hier nicht um professionelle Perfektion geht.

Aber was lässt für mich Kochen zu einer besonderen - und vor allem erholsamen - Tätigkeit werden, ja, zu einer Form der »Selbstsorge«? Sicher ist: Es ist nicht allein die pure Notwendigkeit, eine Mahlzeit zuzubereiten. Denn oft genug werde ich auch aktiv, wenn ich nur etwas »auf Vorrat« herstellen möchte, Fonds sieden etwa, die Grundlage einer Sauce sind, oder Konfitüren oder Chutneys im Sommer. Auch das zähle ich zu den Verrichtungen, die mich in einen Zustand der Entspannung bringen können, neben Einladungen von Freunden und Verwandten, zu Festtagen und den »üblichen Gelegenheiten«, mich in mein Tun vertiefen zu können.

Eine Leidenschaft für das Lebendige

In seiner »Kleinen Philosophie der Passionen - Kochen« (2001) stellt Arno Makowsky fest, dass Kochen mehr ist als Kochen - sprich: als das Garen und Genießbarmachen von Lebensmitteln. Es ist eine »Leidenschaft fürs Leben«. Zunächst ist das rein zeitlich im Hinblick auf die persönliche Lebenszeit gemeint. Kochen, so der Autor, ist eine Leidenschaft, die unser ganzes Leben prägt. Aber es ist noch mehr als das. Für mich ist es auch

Leidfaden, Heft 3 / 2023, S. 60–62, ISSN (Printausgabe): 2192-1202, ISSN (online): 2196-8217, © 2023 Vandenhoeck & Ruprecht

Alexa / Pixabay

eine Leidenschaft für das Lebendige. Wie das? Ist Kochen, ist Essen, ist Ernährung nicht gerade das Paradebeispiel für die Vernichtung von Leben, von Pflanzen, Tieren? Freilich zum Selbsterhalt – ein Dilemma, das der Bio-Pionier Karl-Ludwig Schweisfurth einmal »tragisch« nannte.

Schweisfurth hatte seine Gründe für diese Perspektive: Er hatte als größter industrieller Fleischproduzent Europas den Schritt aus dem System gewagt, war aber als überzeugter Handwerker seinem Beruf als Metzger treu geblieben. Mit der Gründung der Herrmannsdorfer Landwerkstätten vor den Toren Münchens, einem landwirtschaftlichen Öko-Musterbetrieb mit integrierter Gärtnerei, Bäckerei, Metzgerei und Brauerei sowie einem Wirtshaus, in dem die eigenen Produkte verarbeitet werden, schuf er ein Beispiel dafür, wie dieses Dilemma ausgehalten und gelebt werden kann. Denn der »Tragik« können wir nicht entkommen – auch nicht als überzeugte Vegetarier und Veganer, es sei denn, wir stellen das Essen um den Preis der Selbstaufgabe ganz ein. Und so ist für mich eine adäquate Haltung dazu nicht Verzicht und Entsagung oder Gleichgültigkeit dem gegenüber, was mich sättigt, sondern Dankbarkeit und Achtsamkeit – dem Lebendigen gegenüber, das dann auch zur Nahrung für mich wird.

Es ist Genuss, das Überschreiten, ja Durchbrechen der Notwendigkeit der Selbsterhaltung, etwas, das die französische Philosophin Corine

Pelluchon in ihrem Werk »Wovon wir leben« jenen Überschuss an Realität nennt, »der erklärt, dass die Welt nicht ganz konstituierbar ist und man daher von ihr wie von einem Nahrungsmittel sprechen kann« (Pelluchon 2020, S. 36). Damit meint sie eine prinzipielle Offenheit, die eine permanente Tätigkeit zur Erhaltung des Lebens erfordert. Durch die Fähigkeit zum Genuss wird die Notwendigkeit hierzu überschritten und in ein Ja zum Leben verwandelt, etwas übrigens, das uns nicht nur als Menschen untereinander, sondern mit allem Lebendigen verbindet.

Pelluchon gelingt es so, die »Tragik«, von der die Rede war, in Freude und Glück zu verwandeln: »Die Welt ist Nahrung, und dass ich mich nähre, bezeugt einen ursprünglichen Bezug zu den Dingen und eine Genussbeziehung, in der ich nicht esse, um zu leben, sondern in der Essen Leben ist« (Pelluchon 2020, S. 37). Es gehört zur »condition humaine«, und es ist sinnlos, die Materialität des Menschen zu leugnen oder zu ignorieren zugunsten einer reinen, geistigen Moralität oder dieser einen Vorzug vor der Materialität zuzusprechen.

Spielerisch genießen

Im Akt der Zubereitung der Speise erweise ich dem, was mir zu leben gestattet, was mich nähren soll, die Ehre. Und ich kann es nicht besser tun als durch sorgsame Auswahl und bewussten Umgang mit den Lebensmitteln, die mir zur Verfügung stehen, und durch das anschließende Genießen des Resultats. Im Französischen nennt man das Verarbeiten von Lebensmitteln zu einer Speise »Transformation«, eine Umwandlung – es ist aber in seiner gelungenen Variante sogar mehr: Es ist eine Sublimation, eine Steigerung der Daseinsform, und zwar um des Genusses willen. Zwar kann auch – wie Walter Benjamin weiß – der eine Speise erfahren, der jedes Maß verliert, doch verhindert die Gier, die »von der ebenen Straße des Appetits in den Urwald des Fraßes führt« (Benjamin 2011, S. 150), jedes Maßhalten. Gerade dieses Maßhalten ist aber die Garantie für den Genuss und seinen Fortbestand.

Insbesondere gilt dies für die Phase davor: die Zubereitung. Die Kenntnis und das Wissen um die angemessene Behandlung der Lebensmittel, der lernende Umgang damit, der weder ein Zuwenig noch ein Zuviel ist – der jedoch freilich einer gewissen Schwankungsbreite unterliegen darf, das Können, das sich mit jedem Mal steigern kann, die Erfahrung von Neuem, Ungewohntem, das Urteil hierüber – etwa beim Abschmecken zwischendurch oder bei der Garprobe und erst recht bei Tisch –, das im wahrsten Wortsinne ein Geschmacksurteil ist – all das ist für das Endergebnis entscheidend. Eigenständiges Kochen trägt zur Schulung des Geschmackssinns bei durch Abschmecken, Beobachten und Eingreifen zum richtigen Zeitpunkt, der in der philosophischen Tradition »kairos« genannt wird.

Der Prozesscharakter, der der Tätigkeit des Kochens zu eigen ist, verweist allerdings darauf, dass wir es hier mit einer Unschärfe zu tun haben, die sich der Perfektion entzieht. Es geht deshalb nicht darum, ein perfektes, sondern ein möglichst exzellentes Ergebnis zu erzielen. Das spielerische Element, die Experimentierfreude, die darin zum Ausdruck kommt, ist eine Form des »ästhetischen Spiels«, in dem Friedrich Schiller den Menschen »in voller Bedeutung des Wortes Mensch« erblickt: Im Zustand des »ästhetischen Spiels« erfährt der Mensch »höchstes Glück« und »innere Ruhe«, weil er nämlich dort seine sinnliche mit seiner vernünftigen Seite vereinen kann (vgl. Schiller 2009, S. 60 ff.). Im ästhetischen Spiel ruft uns die Schönheit zur Achtsamkeit gegenüber dem Leben auf. Beim Kochen versuche ich auf meine Weise, dem nahe zu kommen, allerdings ohne »Gelinggarantie«, wie uns manche Fernsehwerbung vorgaukelt, in der uns die Lebensmittelindustrie mit ihren seelen- und geschmacklosen Fertigprodukten »mühelosen Genuss« verspricht – Stichwort: »Oma stampft nicht mehr«. Es ist somit auch immer mit einem Wagnis verbunden. Aber dieses Wagnis gehört zur Lebensqualität einfach dazu. Welch beglückendes Erlebnis, wenn zum Schluss alles »stimmt« und man in glückliche Gesichter blicken kann. Und das Schöne ist: Die nächste Gelegenheit zu einem Kurzurlaub am Herd ist nicht fern.

Johannes Bucej studierte Philosophie, Katholische Theologie, Bildungs- und Universitätsgeschichte sowie Pädagogik. Er ist Autor für Gastronomie und Verbraucherthemen rund um Essen, Trinken, Wohlfühlen und Lebenskunst, schreibt regelmäßig für Zeitschriften, Magazine und Sammelwerke und ist als Dozent in der Erwachsenenbildung tätig. Seinen kritischen Blick auf die Ernährungs- und Genussgewohnheiten zieht er u. a. aus seiner Mitgliedschaft bei Slow Food Deutschland und im Food Editors Club Deutschland, dem Arbeitskreis kulinarischer Fachjournalisten. Seit 2017 gehört er dem Verkoster- und Autorenteam des VINUM Weinguide Deutschland an.

Literatur

Benjamin, W. (2011). Frische Feigen. In: Gesammelte Werke Bd. II (S. 150 f.). Frankfurt a. M.
Bucej, J. (2014). Seelenruhe. Philosophisch zur inneren Mitte finden. München.
Makowsky, A. (2001). Kochen. München.
Pelluchon, C. (2020). Wovon wir leben. Eine Philosophie der Ernährung und der Umwelt. Darmstadt.
Petrini, C. (2007). Gut – sauber – fair. Grundlagen einer neuen Gastronomie. Wiesbaden.
Petrini, C. (2010). Terra Madre. Für ein nachhaltiges Gleichgewicht zwischen Mensch und Mutter Erde. München.
Schiller, F. (2009). Über die ästhetische Erziehung des Menschen in einer Reihe von Briefen. Kommentar von S. Matuschek. Frankfurt a. M.

Die richtige Einstellung zum Leben plus Freundschaft – mehr braucht es nicht!
Im Garten des Epikur

Andi Zsindely

Im Bild von Epikurs Garten klingt etwas vom Garten Eden an: glücklich sein, das Leben genießen und unbeschwert im Augenblick verweilen. Epikurs Garten liegt aber nicht in einem Jenseits, ist nicht bloß Utopie oder etwas unwiderruflich Verlorenes. Vielmehr bezeichnet »der Garten« eine philosophische Schule vor den Toren Athens, benannt nach dem Ort, an dem die Lehre von ihrem Gründer Epikur ab 306 vor Christus verbreitet wurde. Egal ob Mann oder Frau, reich oder arm, gebildet oder ungebildet, frei oder Sklave: Alle sind in diesem Garten willkommen. Ein durchaus revolutionäres Konzept, das Epikur nicht nur Freunde einbrachte. Hier können sie unter Gleichgesinnten und Freunden lernen, wie man das Beste aus seinem Leben machen und sich an ihm erfreuen kann.

In Epikurs Garten geht es um den Menschen in seinem ganzen Sein. Die schwierigen Seiten des Lebens wie Leid, Schmerzen, Angst, Trauer und Tod werden nicht ausgespart. Mit der richtigen Einstellung zum Leben können sie uns aber nichts anhaben. Denn für Epikur ist klar: Wir machen uns das Leben unnötig schwer! Stattdessen benötigen wir nur wenige Dinge, um glücklich zu sein, und dieses Wenige ist leicht zu beschaffen. Wer sich mit Epikurs Philosophie der Lebensfreude beschäftigt, spürt schon bald die Erleichterung und Zuversicht, die mit seinen Überlegungen einhergehen.

Klaus Meinhardt

Philosophische Therapie

Die wichtigste Aufgabe der Philosophie besteht für Epikur darin, uns von den seelischen Sorgen und Nöten zu befreien. Sie gleicht darin der Medizin, die uns von den körperlichen Krankheiten befreien will. Die Philosophie liefert uns mit Hilfe rationaler Überlegungen die Grundlage, auf der wir zur richtigen Lebenshaltung und zum richtigen Umgang mit unseren Emotionen finden können. Richtig ist diese Haltung, weil sie zu Glück und Lebensfreude führt.

Leidfaden, Heft 3 / 2023, S. 63–66, ISSN (Printausgabe): 2192-1202, ISSN (online): 2196-8217, © 2023 Vandenhoeck & Ruprecht

Den Ausgangspunkt seiner Überlegungen bildet die Hedoné, wörtlich »Lust«. Sie ist für Epikur sowohl der Ursprung als auch das Ziel eines glückseligen Lebens. »Denn sie haben wir als erstes und angeborenes Glück erkannt, und von ihr aus beginnen wir mit jedem Wählen und Meiden, und auf sie gehen wir zurück, indem wir wie mit einem Richtscheit mit der Empfindung ein jedes Gut beurteilen« (Epikur 1973, S. 44). Mit dem Zeitpunkt unserer Geburt beginnt unsere Suche nach der Lust, während wir die Unlust und den Schmerz meiden.

Dieser Begriff der »Lust« sollte aber in einem weiterreichenden und tieferen Sinne verstanden

Paul Gauguin, Les Parau Parau, 1896 / akg-images

Der Umgang der Mitglieder der Gartengemeinschaft
untereinander glich demjenigen der Mitglieder einer
Selbsterfahrungsgruppe im modernen Sinne.
Das Gespräch unter Freunden stand im Zentrum und
bildete so die Basis von Epikurs philosophischer Therapie.

werden als in unserem heutigen Sprachgebrauch. Er bezeichnet einen Gefühlszustand, zu dem auch Prädikate wie »glücklich«, »lebenslustig«, »in sich ruhend« oder »körperlich und seelisch gesund« passen (Euringer 2003, S. 54).

Freundschaft als höchste Quelle der »Lust«

Die wichtigste Quelle einer so verstandenen Lust sieht Epikur in der Freundschaft. Wie die Lust sollten wir auch diesen Begriff in einem erweiterten Sinn verstehen. Er steht für alle Arten einer positiven affektiven Bindung zwischen Individuen, unabhängig davon, ob es sich um Familienmitglieder, Paare, Freunde (in unserem heutigen Verständnis) oder Individuen der sozialen Gemeinschaft handelt (Németh 2017, S. 193). Das Bedürfnis nach menschlichen Beziehungen und damit nach Freundschaft gehört für Epikur zur natürlichen menschlichen Veranlagung. Wer sich zur Gemeinschaft seines Gartens hinzugesellte, schloss sich einem Freundeskreis an.

Freundschaft bildet nicht nur eine besondere Quelle der Lust, sondern auch eine grundlegende Voraussetzung für Selbsterkenntnis sowie zur Erlangung eines glücklichen Lebens. Erst wenn wir uns darauf einlassen, unser Denken und Handeln durch die Wahrnehmungen unserer Freunde zu spiegeln, können wir zu einer epikureischen Lebenshaltung finden (Németh 2017, S. 166). Der Umgang der Mitglieder der Gartengemeinschaft untereinander glich damit demjenigen der Mitglieder einer Selbsterfahrungsgruppe im modernen Sinne. Das Gespräch unter Freunden stand im Zentrum, sowohl als Einzel- als auch als Gruppengespräch, und bildete so die Basis von Epikurs philosophischer Therapie (Neumeister 2021, S. 34).

Mit der eigenen Natur in Einklang stehen

Wer im epikureischen Sinne glücklich ist, befindet sich im Einklang mit seiner menschlichen Natur. Im Laufe unseres Lebens ist die Gefahr jedoch groß, dass wir den zu Beginn noch unverfälschten Zugang zu unserer ursprünglichen Natur verlieren. Dies kann aufgrund einer Überflutung durch alle möglichen materiellen und geistigen Reize geschehen, in deren Folge unsere Sinne abstumpfen. Oder wir geraten durch zu viel oder durch falsche Bildung auf Irrwege.

Epikur unterscheidet zwei unterschiedliche Stufen unseres Zugangs zu Lebensfreude: Zunächst geht es um die Erfüllung unserer Grundbedürfnisse. Wenn es nichts gibt, was unser (körperliches) Wohlbefinden beeinträchtigt, dann wird auch unsere Lebensfreude, zu der wir natürlicherweise tendieren, durch nichts behindert. Auf dieser ersten Stufe wird deutlich, dass wir im Grunde nicht viel benötigen, um uns gut zu fühlen. »Nicht hungern, nicht dürsten, nicht frieren. Wer das besitzt oder darauf hoffen darf, der könnte sogar mit Zeus an Glückseligkeit wetteifern« (Epikur 1973, S. 66 f.). Sobald wir alles haben, was wir für unser Überleben benötigen, haben wir bereits eine gute Chance, glücklich zu werden. Es ist Epikur wichtig, dass wir das nicht vergessen. Denn aus dieser Einsicht folgt, dass jeder glücklich werden kann, egal ob reich oder arm.

Umgekehrt folgert er daraus aber nicht, dass zur Erlangung des Glücks ein entsagendes Dasein auf immer gleichem niedrigem Niveau nötig wäre. Es geht nicht so sehr darum, wie wir unsere Lebensumstände gestalten, vielmehr kommt es auf die richtige innere Einstellung an. Der Epikur-Experte Malte Hossenfelder formuliert es so: »Wer hat, der möge genießen, aber wer nicht hat, soll nicht traurig sein. Beide haben dieselbe Glückschance« (Hossenfelder 2006, S. 148 f.).

Natürlich können wir unser Leben über die Grundversorgung hinaus gestalten. Ausgeklügelte Speisen und bequemere Kleidung fallen etwa unter diese Kategorie. Auch auf einer solchen erweiterten Skala der Lebensmöglichkeiten können wir Glück erfahren. Auf dieser zweiten Stufe zeigt sich dann aber, dass die Lebensfreude etwas Komplexes und Fragiles ist. Hier bedarf es einer sorgfältigen Kosten-Nutzen-Abwägung, um zu einer Lebenshaltung zu finden, die uns eine möglichst dauerhafte Lebensfreude gewährt.

Quellen der Unlust

Welche Gründe gibt es dafür, dass unsere Lebensfreude getrübt wird? Die wichtigsten Quellen der Unlust sind für Epikur die Angst, die Begierde und der Schmerz. Vielleicht fürchten wir uns vor dem Tod oder wir messen einem besonderen Wunsch einen zu hohen Wert bei. Wie aber gelangen wir zu einer richtigen Einschätzung? Wie können wir unsere legitimen Bedürfnisse von denen, die es nicht sind, unterscheiden? Um solche Fragen zu beantworten, unterscheidet Epikur zwischen Bedürfnissen, deren Befriedigung notwendig ist, und solchen, deren Befriedigung nicht notwendig ist. Die Letzteren können wiederum in solche aufgeteilt werden, die natürlich sind, und in solche, die nicht natürlich sind. Bedürfnisse, die notwendig sind, sind auch natürlich und müssen erfüllt sein (Nahrung, Schlaf, Schutz vor Witterung und vor Feinden etc.). Im Unterschied dazu können Bedürfnisse, die nicht notwendig, aber natürlich sind, befriedigt werden, müssen es aber nicht. Dazu gehören die Annehmlichkeiten des Lebens, die über unsere Grundversorgung hinausgehen, wie aufwendiger zubereitetes Essen, komfortablere Kleidung oder Behausung.

Die dritte Kategorie aber, die Bedürfnisse, die weder notwendig noch natürlich sind, dürfen nicht befriedigt werden, weil sie uns schaden. Bei ihnen handelt es sich um falsche Meinungen und genau besehen sind es keine echten Bedürfnisse. Beispiele dafür sind der ungezügelte Genuss von Speisen und Wein, der sexuelle Exzess oder auch der Drang nach immer mehr Besitz und größerem Ansehen.

Dauerhafte und vorübergehende Lust

Epikurs Ansichten über die richtige Lebensform beruhen auf seiner Überzeugung, dass es nicht drei verschiedene emotionale Grundzustände gibt, sondern nur zwei: den der Lust und den der Unlust. Einen mittleren, neutralen Zustand, in welchem wir weder Lust noch Unlust empfinden, gibt es für ihn nicht. Wenn die gesunde und natürliche Verfassung aller vitalen Funktionen gewährleistet ist, wenn man also frei von Unlust ist, dann befindet man sich im Zustand der Lust (Hossenfelder 2006, S. 66 f.). Dies entspricht seiner Vorstellung der dauerhaften Lust, zu der alles Leben immer wieder zurückkehren möchte.

Zusätzlich gibt es dann noch die Lust des Übergangs: wenn wir zum Beispiel, indem wir essen, von der Unlust des Hungers zur Lust des Sattseins wechseln. Hier entsteht der Genuss durch den Wechsel selbst und ist deshalb »Lust in Bewegung« (Euringer 2003, S. 65). Ihre Dauer ist auf die Dauer dieses Übergangs beschränkt und sie ist nur ein Mittel zum Zweck der dauerhaften Lust. Die natürliche Grenze der Lust liegt für Epikur in der Freiheit von Unlust. Wir dürfen uns an der Lust des Übergangs erfreuen, aber nur, wenn wir uns dieser natürlichen Grenze bewusst sind. Mit der Einsicht in diese grundlegenden Verhältnisse unserer menschlichen Natur halten wir den Schlüssel zu unserem dauerhaften Glück in Händen.

 Andi Zsindely, Studium der Philosophie, Soziologie und Anthropologie ist Philosophischer Praktiker und Spezialist für Unternehmenskommunikation, arbeitet derzeit als Kommunikationsexperte für das Schweizerische Rote Kreuz.

Kontakt: andi@zsindely.ch

Literatur

Epikur (1973). Brief an Menoikus. Stuttgart.
Euringer, M. (2003). Epikur. Antike Lebensfreude in der Gegenwart. Stuttgart.
Hossenfelder, M. (2006). Epikur. 3., aktualisierte Auflage. München.
Németh, A. (2017). Epicurus on the self. New York.
Neumeister, C. (2021). Begehren, Angst und nüchterne Vernunft. Epikureische Psychologie und Ethik nach griechischrömischen Texten. Berlin.

Supervision als Element der Selbstfürsorge

Ewald Epping

Die einen schätzen sie, die anderen gehen ihr lieber aus dem Weg: die Supervision. Seit vielen Jahren arbeite ich als Supervisor in den Feldern der stationären und ambulanten Palliativ- und Hospizarbeit und in anderen Einrichtungen, in denen Mitarbeitende mit Leid, Krisen und all den damit verbundenen Herausforderungen und Gefühlen anderer Menschen zu tun haben.

Eine Kollegin sagte mir einmal sinngemäß, als wir über unsere Arbeit sprachen: »Wir buchstabieren so viel mit Blick auf die Situation anderer Menschen. Da sollten wir darauf achten, im Blick auf uns selbst nicht zu Analphabeten zu werden.« Im Blick auf uns selbst nicht zu Analphabeten werden: Da geht es um Selbstfürsorge auf drei Ebenen, quasi wie der Spiegel im Spiegel im Spiegel:

- Viele nahestehende Menschen haben in schweren gesundheitlichen oder psychischen Krisen ihrer Angehörigen und Freund*innen den Fokus so auf den anderen gerichtet, dass sie sich selbst, ihre eigenen Belastungen und Bedürfnisse aus dem Blick verlieren. Da brauchen sie die fachliche und menschliche Begleitung auch derer, die in der jeweiligen Einrichtung arbeiten.
- Viele in pflegerischen, medizinischen, therapeutischen, sozialen und allen Berufen, in denen die Beziehung zu Menschen den Kern ausmachen, kennen das auch: Man will und muss den Anforderungen der Menschen in Krise gerecht werden, sich einfühlen, die feinen oder manchmal auch groben Signale wahrnehmen und professionell reagieren; so verlieren auch sie manchmal ihre eigenen Belastungen und Bedürfnisse aus dem

Blick. Da brauchen sie guten kollegialen Austausch, gute Führungskräfte und Reflexion, auch im Rahmen von Supervision.
- Und so kann es mancher Supervisorin, manchem Therapeuten auch gehen: Die einfühlende Nähe, die Frage, wie ich mein Gegenüber verstehe, unterstütze und entlaste, kann den Fokus so bestimmen, dass auch ich manchmal eigene Belastungen und Bedürfnisse aus dem Blick verliere. Da helfen Kontrollsupervision oder Balintgruppe.

Auf allen drei Ebenen stelle ich in der supervisorischen Arbeit fest: Fürsorge für den anderen und Selbstfürsorge sind keine Gegensätze, sondern bedingen einander. Selbstfürsorge ist ein unverzichtbares Element der Qualität in der Arbeit: Ich kann für andere keinen guten Blick haben, wenn ich ihn nicht für mich habe. Es ist wie bei den berühmten kommunizierenden Röhren: Steht in der einen Säule das Wasser hoch, steht es auch in der anderen hoch. Gelingt es in der Supervision, etwas ins Fließen zu bringen, Belastungen auszusprechen und anzuschauen, Trauer, Schmerz, Ohnmacht zuzulassen, dann geschieht oft auch eine Veränderung im Kontakt zu den Patient*innen und Angehörigen, mit denen ich Schweres oder Belastendes erlebt habe. Selbstfürsorge und professionelle Fürsorge sind untrennbar verbunden, zwei Seiten einer Medaille. Es gehört zu meinem Verständnis von Professionalität, nicht nur fachlich auf der Höhe zu sein, sondern sich selbst gut zu kennen und in der Arbeit gut auf sich zu schauen und für sich zu sorgen, egal um welche berufliche Herausforderung oder Problemlösung es auch gehen mag. Das ist für mich die eigentliche Lösungsorientierung in der Supervision: Es muss sich etwas lösen im Verstehen, im Nachspüren, damit neue Lösungen entstehen.

Dafür braucht es Raum, Resonanzraum, um wahrzunehmen, was ist, um zu verlangsamen und genauer hinzuschauen. Es geht darum, in gutem Kontakt sein zu können: mit der belastenden, ärgerlichen, unklaren oder irritierenden Situation, die man mitgebracht hat – aber vor allem auch mit sich selbst. Das Hauptsetting der Supervision in meiner Praxis ist die Teamsupervision; da geht es dann auch darum, dass die anderen innehalten, mit Empathie reagieren und sich einlassen auf das, was bei der Kollegin oder dem Kollegen ist, die etwas einbringen. Ein neues Verstehen ist oft die entscheidende Veränderung und auch ein Element der Selbstfürsorge. Ein Verstehen dessen, was in mir und mit mir geschehen ist in einer belastenden Situation, verändert den Blick und führt nicht selten dazu, dass jemand am Ende der Supervision sagt: »Das hat mir gut getan, jetzt verstehe ich besser, was da passiert ist.« Und manchmal sagt dieselbe Person in der Einstiegsrunde der nächsten Sitzung: »Ich habe eigentlich gar nicht so viel anders gemacht, aber es war anders, auch mein Gegenüber war irgendwie anders.«

In der Supervision nutzen wir den analytischen Verstehenszugang von Übertragung und Gegenübertragung. Wir beleuchten verzerrte Wahrnehmungen, unbewusste Wertvorstellungen, Annahmen und Muster, die uns sowie unsere Beziehung und Kommunikation mit anderen prägen. Und die systemische Sichtweise sagt uns: Eine Szene verändert sich, wenn sich auch nur an einer Stelle etwas verändert. Es ist Selbstfürsorge, sich mithilfe dieser Verstehenszugänge selbst besser kennenzulernen, freilich mit Freundlichkeit und einem zugewandten Blick für sich selbst, auch wenn das manchmal schmerzhaft sein kann. Die supervisorische Beratung ist in diesem Sinne manchmal zugewandtes Konfrontieren.

Manche bezeichnen diese Form der Arbeit und Selbstfürsorge als »Psychohygiene«. Ich mag den Begriff nicht besonders, denn die supervisorische Arbeit der Selbstfürsorge geht über »Psycho« hinaus und umfasst das Denken, Fühlen, Wahrnehmen und Handeln des ganzen Menschen. Sie hat mit »Hygiene« wenig zu tun, denn es geht nicht darum, etwas Schmutziges sauber oder gar steril zu machen; es geht darum, wahrzunehmen und wertfrei anzuerkennen, was ist. »Selbstfürsorge« geht mir als Begriff dafür leichter über die Lippen.

Ein paar Erinnerungen aus konkreten Supervisionen (Namen und Orte sind verändert und anonymisiert):

Sich einlassen und sich abgrenzen

Gabriele arbeitet als Psychologin in der Palliativversorgung. Sie ist in gutem Kontakt zu Patient*innen, Angehörigen, Ärzteschaft und Pflegenden. Es macht ihr zunehmend zu schaffen, dass sie nicht hinterherkommt in ihrer Arbeit. Wir arbeiten in der Supervision mit dem Bild, dass man ihr leicht »einen Affen auf die Schulter« setzen kann, so dass sie in vielen Informationen von Pflegenden oder Ärzt*innen einen Auftrag sieht, wo vorab eine Klärung anstünde. Das Bild hilft ihr, in manchen Situationen die Kommunikation zu verändern. Sie kommt dem auf die Spur, welche inneren Antreiber sie hat, die dazu führen, dass sie wenig auf ihre Grenzen achtet. Sie macht nun in den Gesprächen mit ihren Kolleg*innen der verschiedenen Berufsgruppen deutlich, dass sie aktiver in die Auftragsklärung geht. Und sie begreift diese Veränderung auch als Teil ihrer Selbstfürsorge.

Die eigene Biografie kennen

Birgit arbeitet seit einem Jahr im Pflegeteam eines Hospizes. Eine Patientin, die als Erzieherin gearbeitet hatte und alleinerziehende Mutter war, sagt zu ihr: »Ich musste immer kämpfen im Leben – und jetzt das ...« Schon beim Erzählen von den Gesprächen mit der Patientin kommen Birgit Tränen, die aus ihrer hohen emotionalen Identifikation mit der Patientin rühren. Aber es gibt auch einen abwehrenden

Delfine © Bernhard Moser

Teil gegen die Patientin, den Birgit am liebsten verdrängen möchte und für den sie sich auch schämt. Wir kommen in der Supervision darauf, dass sie eine klagende und fordernde Mutter hatte, die Birgit sehr in Beschlag genommen hat. Als Birgit sich dem annähern kann, wird ihr klar, dass in den Tränen auch Tränen über sich selbst mitfließen. In der Sharing-Runde öffnen sich auch andere Teilnehmer*innen: »Wo hat das Geschehen, das mich belastet, mit meiner eigenen Geschichte, meiner Bio-

grafie oder auch mit früheren Erfahrungen mit anderen schwerkranken Patient*innen oder Angehörigen zu tun?« Das ist oft nicht auf den ersten Blick sichtbar, aber der zweite und der dritte Blick können erhellend sein. Manchmal verstärkt es im ersten Wahrnehmen den Schmerz, aber dann hilft es auch, das »da und dort« und das »hier und jetzt« voneinander zu unterscheiden und mit dem »damals« wie mit dem »heute« angemessener umzugehen: lohnende Arbeit der Selbstfürsorge.

de Atmosphäre, die dadurch entstehen kann, bis hin zum »Erkenntnislachen«: Wenn es gelingt, etwas besser zu verstehen, etwas durchzuarbeiten oder einen veränderten Umgang mit dem Geschehen anzudenken, kann dieses Lachen entstehen. Das hat vielleicht mit dem Perspektivwechsel zu tun, der ja zur Supervision gehört – und der ja bei einem guten Witz auch die entscheidende Rolle spielt. Das Lachen kann Ausdruck dafür sein, dass einem das Herz leichter geworden ist – ein anschauliches Bild für die Selbstfürsorge. Selbstfürsorge tut am Ende gut, weitet den Horizont und kann zu Schmunzeln und Lachen führen, wenn Verstehen wächst und sich Schweres löst.

Belastung teilen – Entlastung schaffen

In einer Teamsupervision zeigte sich in der Einstiegsrunde kein Thema. In solchen Situationen frage ich manchmal, ob es ein Thema »in der zweiten Reihe« gibt, eine Frage, die mitschwingt, aber nicht so leicht einzubringen ist. Der Pfleger Robert beginnt zögerlich darüber zu sprechen, dass er nicht selten Schwierigkeiten hat bei einer hohen Schmerzmedikation, wenn dann in den folgenden Tagen die Patientin oder der Patient verstirbt. Ein Teil der Supervision widmet sich den damit zusammenhängenden fachlichen und ethischen Fragen, wo sich die Teilnehmenden gut unterstützen. Es entsteht auch ein intensiver Austausch darüber, wann die einzelnen Supervisand*innen Schuldgefühle wahrnehmen, wie sie damit umgehen und wie sie Patient*innen gut begleiten können, gerade dann, wenn sie sediert sind. Nicht nur Robert sagt in der Einstiegsrunde der folgenden Supervision, wie entlastend es war, das Thema geöffnet zu haben. Ein Akt der Selbstfürsorge.

Humor

Für Menschen, die in der Palliativ- und Hospizarbeit tätig sind, ist es wahrscheinlich ein vertrautes Phänomen: Es wird auch gelacht in der Supervision; Humor und Lachen haben wohl auch die Funktion, das Schwere, Belastende, Irritierende oder Konflikthafte leichter zu machen. Ich fördere die wohlwollen-

Die Beispiele und Gedanken zeigen ein breites Verständnis von Selbstfürsorge. Ich bin geneigt zu sagen: Da, wo Supervision nicht auch Selbstfürsorge ist, ist es keine Supervision; fachliches Durchdringen allein reicht nicht. In Abwandlung eines Satzes aus meiner Supervisionsausbildung möchte ich sagen: Supervision ohne Selbstfürsorge ist wie Kaffee, der nicht geröstet ist: Er schmeckt nicht. Auch wenn es manchmal heiß hergeht, wenn man sich selbst auf die Spur kommt: Diese Form der Selbsterfahrung und Selbstfürsorge lohnt sich. Vielleicht kommt der eine oder die andere, die der Supervision bisher eher skeptisch gegenüberstehen, auf den Geschmack?

Ewald Epping, Diplom-Theologe, Diplom-Sozialpädagoge (FH), ist tätig als Supervisor, Coach und Organisationsberater in unterschiedlichen Feldern und hat Lehraufträge an verschiedenen Fachhochschulen. Seine Arbeitsschwerpunkte sind Supervision und Coaching für Teams, Gruppen, Führungskräfte und Einzelpersonen.
Kontakt: e.epping@ios-muenchen.de
Website: https://ios-muenchen.de

Fasten als Selbstsorge
Ein christlich-muslimisches Gespräch

Canan Bayram und Michaela Will

Inwiefern kann Fasten Selbstsorge sein?

MICHAELA WILL: Fasten als ganzheitliche Auszeit für Körper und Seele ermöglicht eine Unterbrechung des Alltags und einen neuen Anfang.

CANAN BAYRAM: Es ermöglicht einen achtsamen Umgang mit sich selbst und seiner Umgebung und hilft, den Bereichen im Leben den Fokus zu widmen, welche man sonst eventuell vernachlässigt. Oft ist es der eigene Körper, der durch das Fasten regeneriert werden kann. Das Aussetzen von Essen und Trinken kann ebenfalls zu einer Entschleunigung führen, was hilft, Achtsamkeit, Empathie und Dankbarkeit zu üben.

Was heißt Fasten im Christentum und im Islam?

MICHAELA WILL: In der Bibel wird berichtet, dass Jesus vor seinem ersten Auftreten in der Öffentlichkeit für vierzig Tage in die Wüste gegangen ist und gefastet hat (Matthäus 4,1 f.). Im Christentum gibt es Zeiten im Rahmen des kirchlichen Kalenders, in denen gefastet wird, zum Beispiel in den vierzig Tagen von Aschermittwoch bis Ostern. Die Zeiten und die Art des Fastens unterscheiden sich in den verschiedenen Konfessionen. In orthodoxen Kirchen soll beispielsweise am Karfreitag gar nicht gegessen werden. In der römisch-katholischen Fastenpraxis gibt es eine Beschränkung der Nahrungsaufnahme (täglich eine Mahlzeit oder zwei kleinere Imbisse) und die Enthaltung von Fleischgerichten. In den evangelischen Kirchen gibt es keine konkreten Vorschriften zum Fasten, aber unterschiedliche Formen des Fastens werden von einzelnen Gläubigen praktiziert.

CANAN BAYRAM: Das Fasten gehört zu den fünf Säulen des Islams und stellt eine der wichtigsten gottesdienstlichen Handlungen eines jeden praktizierenden Muslims dar. Für das Fasten ist der Monat Ramadan nach dem muslimischen Mondkalender vorbestimmt. Gesunde und mündige Muslim*innen sind angehalten, von der Morgendämmerung bis zum Abendgrauen nichts zu essen, und ja, nichts zu trinken und keinen Geschlechtsverkehr zu haben. Das Fastenbrechen findet im Kreise der Familie, Freunde oder auch der Gemeinde statt; es wird gemeinsam gegessen, gebetet und Dankbarkeit ausgesprochen.

Welchen Sinn hat das Fasten?

MICHAELA WILL: Auch der Sinn des Fastens ist im Christentum vielfältig. Das Fasten ist eine Auszeit aus dem Alltag. Es geht um Reinigung, Erneuerung, Umkehr, Aufbruch. Das Fasten ist eng mit dem Gebet verbunden. Es lässt sich als ganzheitliches Gebet, Beten mit Körper und Seele verstehen. Das heißt, es geht um die Begegnung mit Gott. Diese ist eng verbunden mit der Beziehung zum Anderen und zu sich selbst.

CANAN BAYRAM: Das Fasten soll, wie jede gottesdienstliche Handlung auch, jeden Gläubigen von innen heraus transformieren, um dem Anspruch, ein gutes und moralisches Wesen zu sein, näher zu kommen. Aus diesem Grund geht das Fasten auch mit anderen religiösen Verpflichtungen wie dem Spenden (Sadaqa al-fitr) und dem Speisen von armen und bedürftigen Menschen einher. Vor dem Fastenbrechen wird häufig der Koranvers 7/31 als Bittgebet rezitiert, in dem es heißt: »Eßt und trinkt, aber seid nicht

Leidfaden, Heft 3 / 2023, S. 71–74, ISSN (Printausgabe): 2192-1202, ISSN (online): 2196-8217, © 2023 Vandenhoeck & Ruprecht

verschwenderisch! – Er (Allah) liebt nicht die Maßlosen (…)«. Während vor einem Jahrzehnt Muslim*innen unter diesem Vers eine enge Bedeutung von Verschwendung verstanden haben, sieht die jüngere Generation von Muslim*innen einen direkten Bezug zum globalen Klimawandel. So sehen sie sich in der Verantwortung, bewusst zu handeln und beispielsweise beim gemeinschaftlichen Fastenbrechen kein Einweggeschirr zu benutzen, keine zu großen Mengen an Essen vorzubereiten, die später im Müll landen, oder auch wenig Fleisch zu benutzen. Hierbei spricht man von einem Green-Iftar, wobei das Green auf eine umweltbewusste Haltung beim Fasten hinweist. Diese Herangehensweise verdeutlicht den Gegenwartsbezug, den Muslim*innen mit ihrer Spiritualität herzustellen versuchen.

In der islamischen Tradition stellt das Fasten ebenfalls eine asketische Übung dar: So ist das Fasten im Monat Ramadan verpflichtend, doch es gibt zahlreiche Empfehlungen des Propheten Muhammads, das Fasten als freiwillige Handlung ebenso außerhalb des Ramadans zu praktizieren. Die Sufi-Tradition sieht es als Bestandteil der Askese und der Herstellung einer tiefen Nähe zu Gott.

Welche Erfahrungen habt ihr mit dem Fasten?

MICHAELA WILL: Ich habe vor einigen Jahren in der Karwoche (der Woche vor Ostern) einmal vollständig auf feste Nahrung verzichtet und gemeinsam mit einer Gruppe ein Saftfasten gemacht. Das heißt, wir haben nach einer Übergangszeit mit reduziertem Essen dreimal am Tag Frucht- und Gemüsesäfte zu uns genommen. Begleitend dazu haben wir uns frühmorgens zu einer Andacht mit anschließendem Austausch (und Gesundheitscheck) getroffen. Das war für mich eine sehr dichte Zeit. Es entstand eine größere Sensibilität für Spiritualität und Gemeinschaft. In besonderer Erinnerung habe ich das Fastenbrechen am Ostermorgen – mit einem Apfel. In der Zeit

danach habe ich das Essen viel bewusster wahrgenommen und mich auch gesünder ernährt. In den letzten Jahren habe ich häufiger an Fastenaktionen wie »7 Wochen ohne« (zum Beispiel ohne Alkohol oder Schokolade) und dem »Klimafasten« teilgenommen. Bei dieser »Fastenaktion für Klimaschutz und Klimagerechtigkeit« wird in jeder Woche ein Aspekt klimabewussten Lebens wie zum Beispiel Energieverbrauch, Konsum oder Mobilität in den Blick genommen. Es gibt auch konkrete Anregungen, wie sich der Alltag verändern lässt. Diese Fastenaktionen eröffnen mir immer wieder eine Neuausrichtung meines Alltags im Blick auf Gott, meine Mitwelt und mich selbst.

CANAN BAYRAM: Mit dem Fasten habe ich im Alter von 16, 17 Jahren begonnen. Da meine Eltern und nahen Verwandten, Cousinen und Cousins

auch fasteten, war es sehr spannend, auch dem Kreis der Fastenden beizutreten. Das gemeinsame Aufstehen zum Morgen-Brot oder das Fastenbrechen im Kreise von Familien und Freunden waren eine wichtige Motivationsgrundlage, das Fasten in mein Leben zu integrieren. Mit dem Erwachsenwerden ist für mich der Monat Ramadan zu einem Wahrzeichen für Entschleunigung geworden und mich in Ruhe, Geduld und Spiritualität zu üben. Schließlich handelt es sich auch um einen Gottesdienst, von dem ich überzeugt bin, dass es einen Sinn hat, weil Gott uns dazu verpflichtet. Insofern habe ich auch keine Sorge gehabt, ob das Fasten meine Leistungsfähigkeit beeinträchtigen kann. Schließlich war und bin ich tief überzeugt davon, dass Gott mir dabei helfen wird, zumal Er es auch zur Pflicht gemacht hat.

Muslims waiting for sunset during Ramadan in Cairo, Egypt, 2005 / Otto J. Simon, CC BY-SA 3.0, via Wikimedia Commons

Nichtsdestotrotz ist ein Monat keine kurze Zeit. So verspüre ich gegen Ende des Ramadans oft eine körperliche Müdigkeit. Dieses Gefühl lässt bei mir immer wieder die Frage hochkommen, wie Menschen in Armut und Not über Monate, sogar Jahre, mit Hunger leben. Es ist ein hautnahes Erlebnis, das mir unter anderem das Spenden erleichtert, mich gegenüber Themen wie sozialer Ungleichheit bewusster werden lässt und Dankbarkeit erzeugt.

Welche Bedeutung hat das Fastenbrechen?

MICHAELA WILL: Das Fastenbrechen ist sozusagen der Doppelpunkt, der den Übergang in den Alltag markiert. Du stehst vor der Frage, wie es weitergehen soll. Was du aus der Fastenzeit in den Alltag mitnehmen willst. Was sich verändern soll. Es ist schön, wenn es die Möglichkeit gibt, diesen Übergang gemeinsam zu gestalten.

CANAN BAYRAM: Selbstverständlich erfährt jede*r das Fastenbrechen individuell anders. Einige kommen durch das Fasten zur inneren Einkehr und wollen Ruhe. Andere wiederum empfinden das Zusammenkommen, das sie vielleicht über das ganze Jahr vermissen, durch das gemeinsame Fastenbrechen und durch die besonderen Gemeinschaftsgebete in den Moscheen als eine Möglichkeit des Austauschs, der Freundschaft, der Fürsorge und der Liebe.

Was kann Fasten als Selbstsorge für Professionelle bedeuten?

MICHAELA WILL: Das Fasten unterbricht den Alltag. Dadurch kann ein Raum zur Selbstsorge entstehen, in dem die alltägliche Lebenspraxis reflektiert und neu ausgerichtet wird. Das Fasten ermöglicht die Einübung einer neuen Praxis: einen liebevollen Umgang mit sich selbst, anderen Menschen und der nichtmenschlichen Mitwelt – und Offenheit für Transzendenz. Eine ähnliche Funktion kann auch der Sonntag als wöchentlicher Ruhetag haben.

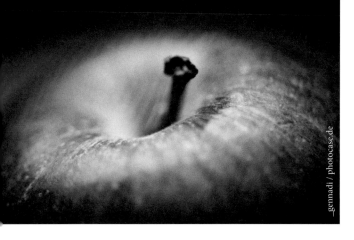

Das Fastenbrechen findet im Kreise der Familie, Freunde oder auch der Gemeinde statt; es wird gemeinsam gegessen, gebetet und Dankbarkeit ausgesprochen.

CANAN BAYRAM: Das Fasten in seinen verschiedensten Formen und der Verzicht auf etwas kann einen sehr positiven Effekt für Professionelle haben. Je nachdem wie das Fasten ausgerichtet ist, kann es zur körperlichen Regeneration, zu mehr Achtsamkeit und zu kritischem Konsumverhalten verhelfen. Darüber hinaus ist meines Erachtens einer der wichtigsten Effekte die Entschleunigung, die in einem schnellen Alltag sehr befreiend sein wirken kann. Verbindet man das Fasten mit einer Form der Spiritualität, sind Dankbarkeit, innere Entfaltung, die Übung in Geduld und Empathie nicht auszuschließen.

Was verbindet eure Perspektiven, was unterscheidet sie?

CANAN BAYRAM: Ich sehe viele Gemeinsamkeiten, auch wenn die Formen des Fastens sich unterscheiden: Achtsamkeit, Entschleunigung, Fokussierung auf das Wesentliche im Leben, aber auch eine Annäherung an Gott. Einen wichtigen Unterschied sehe ich darin, dass das Fasten zu bestimmten Zeiten für viele Muslim*innen verpflichtend ist und daher selbstverständlicher erscheint, als wenn evangelische Christ*innen sich individuell für eine Form des Fastens entscheiden. Interessant finde ich die Verbindung traditioneller Formen des Fastens mit neuen Trends wie veganer Ernährung oder einer klimabewussten Lebensweise, wie oben am Beispiel des Green-Iftars aufgezeigt.

MICHAELA WILL: Eine Gemeinsamkeit sehe ich in der rituellen Praxis, die festgelegte Zeiten zur Unterbrechung des Alltags vorsieht. Diese ermöglichen Raum für Veränderung, Gottesbegegnungen, Zuwendung zu sich, anderen und zur Mitwelt. Einen Unterschied sehe ich darin, dass im

evangelischen Kontext keine bestimmte Praxis oder feste Zeiten vorgeschrieben sind und das Fasten daher auch immer wieder aus dem Blick geraten kann. Eine muslimische oder auch christlich-orthodoxe Perspektive erinnert mich daran, wie wichtig solche Auszeiten sind.

Mag. **Canan Bayram,** Studium der Arabischen Sprache und Literatur an der İstanbul Universität sowie Islam- und Politikwissenschaft an der Universität Hamburg. Ihre Forschungsschwerpunkte liegen in den Bereichen Islamisches Recht (fiqh), Islam und Gender, muslimische Frauenbewegungen, interkulturelle und interreligiöse Bildung.
Kontakt: canan.bayram@yahoo.de

Dr. **Michaela Will** studierte Evangelische Theologie und Diplompädagogik in Hamburg, Marburg und São Leopoldo/Brasilien. Derzeit arbeitet sie als Pastorin im Bildungsbereich des Evangelisch-Lutherischen Kirchenkreises Hamburg-West/Südholstein. Schwerpunkte ihrer Arbeit sind feministische Theologie und Genderfragen sowie interreligiöser und transkultureller Dialog.
Kontakt: michaela.will@kirchenkreis-hhsh.de

Literatur

Bieritz, K.-H. (2000). Artikel Fasten/Fastentage. III. Christentum. 2. Katholisch und 4. Evangelisch. In RGG, Bd. 3. 4., völlig neu bearb. Auflage (Sp. 41 f. und Sp. 44). Tübingen.
Schimmel, A. (2001). Die Religion des Islam. Eine Einführung. Stuttgart.
Troickij, A. (2000). Artikel Fasten/Fastentage. III. Christentum. 3. Orthodox. In RGG, Bd. 3. 4., völlig neu bearb. Auflage (Sp. 43 f.). Tübingen.

Webseiten

»7 Wochen Ohne«. Webseite des Gemeinschaftswerks der Evangelischen Publizistik gGmbH. https://7wochenohne.evangelisch.de/ (Zugriff am 1.2.2023).
Islamportal der Universität Innsbruck, Institut für Islamische Theologie und Religionspädagogik. https://www.islamportal.at (Zugriff am 31.12.2022).
»So viel du brauchst ...«. Webseite zur Fastenaktion für Klimaschutz und Klimagerechtigkeit. https://klimafasten.de/ (Zugriff am 1.1.2023).

Waldbaden – Kraftschöpfen in der Natur

Susanne Conrad

Zeit für sich selbst hat sie eigentlich nie – Margarethe Lohner steht den ganzen Tag unter Strom, ist im Schnellschritt unterwegs zwischen Küche, Waschmaschine, Supermarkt und dem Krankenbett ihres schwerkranken Vaters, den sie seit mehr als drei Jahren pflegt und der allein gar nichts mehr kann. Und natürlich brauchen auch ihre beiden Söhne, neun und zwölf Jahre alt, jede Menge Aufmerksamkeit, ihr Teilzeitjob als Pfarrsekretärin im Gemeindebüro nicht zu vergessen – wobei der manchmal fast eine Erholung ist.

Ihr Mann Tobias hilft zwar, wo er kann, aber wenn er nach einem langen Arbeitstag nach Hause kommt, ist auch er groggy. Dann sitzen die beiden meist auf dem Sofa und schauen fern.

Tobias geht an den Wochenenden immerhin Tennis spielen oder mit den Jungs auf den Bolzplatz, aber Margarethe strengt Sport schon beim bloßen Gedanken an.

Vor gut einem Jahr hatte sie das Gefühl, das alles nicht mehr zu packen, und lag viel im Bett, zu viel, wie ihre Freundin meinte. Von ihr hörte sie auch das erste Mal den Begriff »Waldbaden« und war zunächst skeptisch – was bitte sollte das anderes sein als ein ganz normaler Waldspaziergang?

Beim Waldbaden springt man in keinen See oder Bach, aber wie beim Baden taucht man ein in die Natur, schwimmt im übertragenen Sinn in einem Meer an Geräuschen und Gerüchen, die wir beim »üblichen« Spaziergang oft gar nicht wahrnehmen, weil uns die Aufmerksamkeit dafür fehlt. Oft sind wir in Eile, unter Stress oder Zeitdruck, wollen einfach mal schnell »durchlüften« und uns

etwas Gutes tun, in der Kürze der Zeit, aber bitte so effektiv wie möglich sein. Im Autopilot-Modus joggen wir oder walken mit Stöcken und strammem Schritt eine vorher festgelegte Strecke, wir radeln oder drehen mit dem Hund eine Gassirunde – und nehmen die Umgebung dabei oft nur am Rande zur Kenntnis. Waldbaden ist anders, ganz anders.

Was zunächst nach neumodischem Gesundheitstrend und Esoterik klingt, ist tatsächlich eine inzwischen wissenschaftlich erforschte, fundierte und höchst wirksame Gesundheitstherapie. Ursprünglich stammt sie aus Japan und heißt »Shinrin Yoku«, was übersetzt so viel wie »Eintauchen in die Atmosphäre des Waldes« bedeutet. In manchen asiatischen Ländern wird es zur medizinischen Prävention oder Regeneration sogar ärztlich verordnet. Dafür sind weder irgendwelche Sportgeräte noch aufwendige Vorbereitungen nötig, nur die Bereitschaft, sich einzulassen und den Wald mit allen Sinnen zu erfahren. Fühlen, Schmecken, Riechen, Hören, Schauen – das klingt so einfach und selbstverständlich, wird aber von den wenigstens noch ganz bewusst geübt.

Dabei gibt es so viel zu entdecken, wenn man ein Plätzchen gefunden hat, an dem man sich der Stille hingeben und in die Atmosphäre des Waldes eintauchen kann. Die vielen verschiedenen Düfte und Gerüche, die man entdeckt, wenn man mal seiner Nase nachgeht: der weißblühend, würzig duftende Bärlauch etwa, der nach Knoblauch riecht und deshalb auch oft Waldknoblauch genannt wird, der süßliche Huflattich mit seinen hübschen gelben Blüten oder Löwenzahn, der einen etwas bitteren Geruch verströmt – sie und noch viel mehr Kräuter und Pflanzen kann man

Leidfaden, Heft 3/2023, S. 75–78, ISSN (Printausgabe): 2192-1202, ISSN (online): 2196-8217, © 2023 Vandenhoeck & Ruprecht

im Wald tatsächlich erschnuppern. Manches davon kann man auch essen. Aber Vorsicht! Wer einmal den Geschmack von herbem Gundermann, säuerlichem Gänsefingerkraut oder kräftiger Waldkresse testen will, der sollte sich unbedingt auskennen oder besser noch: sich auf die Anleitung eines erfahrenen Waldbadecoaches oder einer Kräuterexpertin verlassen.

Auch an Geräuschen hat der Wald Eindrücke in Hülle und Fülle zu bieten: Da kann man dem Gesang der Vögel oder dem Murmeln eines Bachs nachlauschen, horcht auf das Knarzen und Rauschen der Bäume oder ein geheimnisvolles Rascheln im Unterholz. Und dann ist da noch das vielfältige Grün, das Bunt der Waldblüten, das Spiel von Licht und Schatten und darüber der Himmel, über den mal langsam, mal schnell die Wolken ziehen. Zurückgelehnt an einen Baumstamm oder ausgestreckt auf einer Matte kann man mit geschlossenen Augen der Sonne das Gesicht zuwenden und, gefiltert vom Laub der Bäume, ein kleines Sonnenbad nehmen.

Die Sinne für all das zu öffnen, die Natur mit Körper, Geist und Seele zu erfahren, ist tatsächlich eine kontemplative Erfahrung, vergleichbar vielleicht mit einem Gebet oder einer Meditation. Wer sich auf dieses Naturerlebnis einlässt, der wird in eine andere, entrückte Welt entführt,

in der er die Geschäftigkeit, Belastungen und Anspannung des Alltags loslassen kann.

»Wenn ich da so an einem Bach sitze oder es mir auf einem weichen Kissen aus Moos gemütlich gemacht habe und in die Baumwipfel schaue,« erzählt Margarethe, »dann kehrt mit einem Mal Ruhe ein und der tägliche Stress mit all der Hektik, dem Krach, den Sorgen verschwindet. Da steigt so eine Leere in mir hoch und die Gedanken hören endlich auf zu kreisen – herrlich!«

Waldbaden hat etwas Zufälliges, Absichtsloses. Die »Badegäste« haben kein festes Ziel im Blick, keine Strecke von A nach B vor Augen. Es gibt kein vorgegebenes Tempo und der Erfolg bemisst sich nicht in zurückgelegten Kilometern. Hier darf und soll man sich einfach treiben lassen.

Schon Hildegard von Bingen wusste: »Es gibt eine Kraft aus der Ewigkeit, und diese Kraft ist grün.« Grün gilt als die Farbe der Mitte und der Harmonie, des Lebens und der Natur. Nach Erkenntnissen der Farbtherapie strahlt Grün Ruhe aus, wirkt ausgleichend und spendet Energie. Auch bei Schulkindern konnte nachgewiesen werden, dass sie ein robusteres Immunsystem und eine deutlich bessere Konzentrations- und

Lernfähigkeit haben, wenn sie regelmäßig im Grünen spielen.

Etliche Studien belegen zudem wissenschaftlich die wohltuende und gesundheitsfördernde Wirkung des Waldbadens, nicht nur, aber auch, weil es dort überwiegend grün ist. Zudem reinigt der Wald die Luft, speichert Wasser und gibt Sauerstoff ab, er dämpft den Umweltlärm und hat im Sommer eine kühlende Wirkung, ist also so etwas wie die Klimaanlage unserer Erde. Hochwirksame bioaktive Substanzen, die Waldpflanzen an die Luft abgeben, nehmen wir über die Haut, vor allem aber beim tiefen Einatmen auf. Diese Stoffe stärken die Abwehrkräfte des Körpers, lindern Schmerzen, senken den Blutdruck, verbessern den Schlaf und wirken antidepressiv. Sie sollen sogar helfen, Krebserkrankungen vorzubeugen. Messungen haben ergeben, dass das Wohlbefinden nach einem mehrstündigen Aufenthalt im Wald für mehrere Tage anhält. Der Arzneischrank der Natur ist also pickepackevoll mit hochwirksamer »Waldmedizin« – für jeden erreichbar, kostenlos und rezeptfrei. Man kann sie einfach einatmen und auf sich wirken lassen.

Am Anfang, so berichtet Margarethe, sei es ihr schwergefallen, das Gedankenkarussell beim Waldbaden abzuschalten, nicht ständig über den Essensplan für den nächsten Tag, irgendwelche Einkäufe, die Klassenarbeiten ihrer Söhne oder die wundgelegene Stelle am Rücken ihres Vaters nachzudenken.

Durch einen Kurs bei einer zertifizierten »Waldbademeisterin« im Taunus hat sie es jedoch gelernt, mit einem kleinen Ritual alles Belastende am Eingang des Waldes zurückzulassen, Stress und Anspannung gewissermaßen an der »Waldgarderobe« abzulegen und sich losgelöst dem Naturerlebnis hinzugeben. Hier hat sie auch Atem- und Bewegungsübungen kennengelernt, die ihr helfen, in das »Waldbad« einzutauchen, die Sinne zu schärfen und Achtsamkeit zu üben. Ihre Krankenkasse hat übrigens einen Teil der Kosten

übernommen. Voraussetzung ist, dass man den Kurs bei einem zertifizierten Waldbaden-Trainer absolviert.

Inzwischen geht Margarethe mit ihrer Freundin mindestens einmal in der Woche in den Wald – »nicht dahin, wo alle lang rennen oder Rad fahren oder überall Hundehaufen liegen. Inzwischen kennen wir Pfade und Plätzchen, wo wir unsere Ruhe haben. Und es gibt Regeln: Wir unterhalten uns nicht groß – das machen wir anschließend bei einer Tasse Kaffee. Wir haben kein festes Ziel und keinen Zeitdruck, das Handy wird ausgeschaltet, die Uhr in die Hosentasche gepackt. Und wir versuchen, ganz im Augenblick, im Hier und Jetzt zu sein. Das gelingt nicht immer«, lacht Margarethe, »aber auch da machen wir uns keinen Stress.«

Seit sie regelmäßig waldbadet, gehe es ihr viel besser, berichtet die 47-jährige. Es helfe ihr beim Abschalten und Entspannen und bedürfe keiner großartigen Planung. Und wenn ihre Freundin keine Zeit hat, geht sie auch schon mal allein zum Krafttanken in den Wald, sucht sich einen ruhigen Ort, öffnet ihre Sinne und ihre Seele und wartet, was passiert. Waldbaden – eine wunderbare Gelegenheit auch zur Begegnung mit sich selbst.

Susanne Conrad, Studium der Literatur- und Theaterwissenschaften, Germanistik, Anglistik und Philosophie, ist Moderatorin, Autorin und Redakteurin für verschiedene Sendungen des ZDF. Daneben Vorträge, Coaching sowie Moderationen verschiedener Veranstaltungen.

Kontakt: kontakt@susanne-conrad.net

Literatur
Bernjus, A.; Cavelius, A. (2018). Waldbaden. Mit der heilenden Kraft der Natur sich selbst neu entdecken. München.
Felber, U. (2018). Waldbaden – das kleine Übungshandbuch für den Wald. Darmstadt.
Meier, J. (2018). Im Wald baden. Der Heilpfad zu Glück und Gesundheit. München.

Websites
https://waldbaden-akademie.com/
https://www.waldbaden.com/

Energy flows where attention goes!

Wie uns Resilienz dabei helfen kann, trotz Leiderfahrungen selbstfürsorglich zu bleiben

Constance Spring

In schweren Zeiten, in denen wir Leidvolles erleben, selbst angegriffen sind oder unsere Liebsten, kann sich unser Fokus auf die belastenden Ereignisse und die damit verbundenen Gedanken und Gefühlen verengen. In der Psychotherapie sprechen wir von einer Problemtrance. Die Sicht ist eingeengt auf das Problem – oder vielmehr Leid –, wir versuchen zu ergründen, warum es so ist und nicht anders, und oftmals fühlen wir uns ausgeliefert, machtlos.

Wir hören von anderen aufmunternde Worte wie zum Beispiel: »Das wird schon wieder, wirst schon sehen.« »Denk doch einmal an etwas anderes« oder Ähnliches. Auch wenn wir die gute Absicht anerkennen, ist es schwer, uns aus der negativen Spirale des Gedankenkarussells zu befreien.

Was kann uns dabei unterstützen, uns wieder aus dieser Problemtrance zu lösen? Trotzdem neue Perspektiven einzunehmen, Glück zu erfahren oder, wenn wir es nicht ganz so groß machen, glückliche Momente und Wohlbefinden zu spüren?

Naheliegend, einmal bei den Ressourcen und Kompetenzen nachzuschauen, die uns im Umgang mit Krisen helfen – so entstand die Idee zu diesem Artikel: Kann uns Resilienz dabei helfen, selbstfürsorglich mit Leidbegegnungen umzugehen?

Was ist Resilienz eigentlich?

Die Schweizer Psychotherapeutin Rosemarie Welter-Enderlin (1935–2010) definiert den Begriff so: »Unter Resilienz wird die Fähigkeit von Menschen verstanden, Krisen im Lebenszyklus unter Rückgriff auf persönliche und sozial vermittelte Ressourcen zu meistern und als Anlass für Entwicklung zu nutzen« (Welter-Enderlin und Hildenbrand 2006).

Krisen sind – mit etwas Abstand betrachtet fällt uns diese Sichtweise oft leichter – Zeiten des Wandels, es muss etwas Not-wendendes passieren. Nicht selten ist damit Wachstum verbunden, gehen wir aus solch finsteren Zeiten als andere, veränderte, geläuterte oder erneuerte Menschen hervor. Dies beschreibt der Begriff des posttraumatischen Wachstums.

Wir wachsen also an den Herausforderungen – und nicht nur an den großen, vielleicht existenziellen Krisen, Krankheiten, Schicksalsschlägen. Auch die kleinen, alltäglichen Probleme, stressvollen Vorkommnisse – sie alle hinterlassen Erfahrungen, lassen uns reifen. So wachsen, behutsam und vielleicht auch unbemerkt, das Wissen und die Kompetenzen, mit Schwierigkeiten umzugehen: unsere Widerstandskraft, die Resilienz.

Die wichtige Botschaft dabei: Ohne Krisen kann diese Kraft nicht entstehen. Würden wir im Elfenbeinturm leben, wären wir schlecht vorbereitet für das Leben.

Welche Faktoren fördern die Resilienz?

Aus wissenschaftlicher Sicht ist das Thema noch jung – und da es wichtig ist, wird viel dazu geforscht. Hat man zu Beginn der Forschungen noch angenommen, dass die Resilienz ein Persönlichkeitsfaktor sei, mit dem wir »ausgestat-

Leidfaden, Heft 3/2023, S. 79–84, ISSN (Printausgabe): 2192-1202, ISSN (online): 2196-8217, © 2023 Vandenhoeck & Ruprecht

tet« sein können, wissen wir inzwischen, dass es neben vererbten Komponenten viele weitere Faktoren gibt, die wir erlernen können und die uns dabei helfen, unsere innere Widerstandskraft zu fördern: Dazu gehören unter anderem Optimismus, positive Emotionen, Selbstwirksamkeitserwartung, Sinnhaftigkeit im Leben und soziale Unterstützung.

Auswahl wichtiger Resilienzfaktoren (nach Gilan, Kunzler und Lieb 2018)

- Optimismus: das Zutrauen, dass sich die Dinge zum Positiven wenden. Erlebe ich das Glas halbvoll (und nicht halbleer)? Mit Optimismus sind wir offen für neue Möglichkeiten und Lösungsideen.
- Positive Emotionen: das regelmäßige Erleben positiver Gefühle, das Bewusstsein für die kleinen und großen Dinge des täglichen Lebens, die uns erfreuen können.
- Selbstwirksamkeitserwartung: die Überzeugung, mit Herausforderungen aus eigener Kraft umgehen zu können; sie wächst wunderbarerweise, wenn wir unser Handeln in kleine, machbare Schritte gliedern und damit kleine Erfolgserlebnisse ermöglichen: Ein Schritt folgt auf den nächsten.
- Kohärenzgefühl: Dieses Gefühl kommt dadurch zustande, dass wir Anforderungen unseres Lebens als sinnhaft, verstehbar und überwindbar wahrnehmen.
- Sinn im Leben: Sinn entsteht zum Beispiel über die Orientierung an persönlichen Werten, unsere Spiritualität, Religiosität, unser Eingebundensein in einen größeren Kontext.
- Soziale Unterstützung: durch Angebundensein an ein geeignetes soziales Netzwerk, Freunde oder Familie.
- Aktives Coping: unsere Bereitschaft zu handeln, um stressvollen Situationen zu begegnen. Überbegriff für alle Stressbewältigungsstrategien.
- Kognitive Flexibilität: unsere Fähigkeit, uns Veränderungen anzupassen, Strategien auszuprobieren und sie als hilfreich oder (noch) nicht hilfreich (genug) zu beurteilen und neue Handlungsoptionen zu entwerfen.

Diese Widerstandskraft ist ein multidimensionaler, dynamischer, situationsabhängiger und lebenslanger Prozess. Unsere innere Widerstandskraft wächst mit uns, mit dem Leben. Wir besitzen sie in einem gewissen Ausmaß, ohne dass wir uns ihrer bewusst sein müssen. Wenn wir uns ihrer *bewusst* werden, haben wir die Chance, dass sie zu einer Haltung wächst und uns damit im Leben unterstützt. Sie ermöglicht uns, Gestalter*in zu werden, uns auch in schwierigen Zeiten auf unsere Ressourcen und Kompetenzen zu beziehen und für uns zu sorgen. Diese Haltung der inneren Widerstandskraft können wir trainieren und fördern und damit wächst unsere Bereitschaft, auf Herausforderungen flexibel und vielleicht mit ein bisschen Gelassenheit zu reagieren.

Dieses Training können wir auf vielen Wegen unterstützen: indem wir Bücher lesen, uns darüber austauschen, wir können einen Workshop zu diesem Thema besuchen oder uns in einem Coaching mit unserer Resilienz beschäftigen. Aber mit die größte Kraft steckt in unserem eigenen Bewusst-Sein.

Wolfgang Güllich, einer der größten Kletterer der vergangenen Jahrzehnte, hat es auf den Punkt gebracht: »Der wichtigste Muskel ist der Kopf«

(zitiert nach Hepp 2004, S. 8). Er bezog das auf das Klettern – aber es gilt uneingeschränkt auch in diesem Zusammenhang.

Resilienz ist keine Wunderwaffe oder: Die Seele braucht Zeit

An diesem Punkt könnte leicht ein Missverständnis entstehen: Wenn wir uns »nur« genug bemühen, uns all unserer Kompetenzen bewusst sind, sie vielleicht noch trainieren, dann kann uns nichts geschehen und wir kommen mit Leichtigkeit über schwere Zeiten, Krisen und leidvolles Erleben hinweg. Mitnichten. Dann würden ja auch die gutgemeinten Ratschläge helfen, »einfach« etwas Schönes zu machen oder an etwas anderes zu denken. Es braucht immer wieder aufs Neue das Verständnis, dass uns belastende Ereignisse erst einmal aus der Bahn werfen. Unsere Seele braucht ihre eigene Zeit, um mit Leidvollem zurechtzukommen, die Balance zwischen den inneren Bedürfnissen und den äußeren Ereignissen herzustellen.

Dieses Annehmen, die Akzeptanz, dass unser Erleben gerade genauso ist, wie es ist, dieses Mitgefühl mit uns selbst: Das ist der Boden, auf dem ein (neues) inneres Gleichgewicht wachsen kann.

Wie kann das Bewusstsein meiner Resilienz – meine Haltung – dabei helfen, Glück und Wohlbefinden trotz belastender Erfahrungen in meiner Tätigkeit zu erfahren?

Die Faktoren, die unsere Widerstandskraft unterstützen, sind vielfältig miteinander verwoben. Die Abbildung stellt einige dieser Zusammenhänge dar. Das Verwobensein lädt uns ein, immer wieder auch an ganz unterschiedlichen Stellen einzusteigen in den positiven Kreislauf des resilienten Lebens.

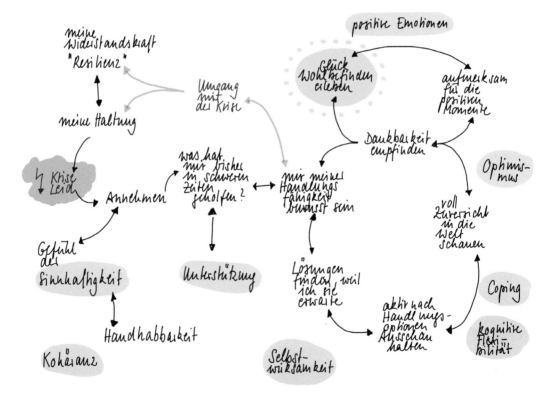

Wie wir mit unserer Haltung unser Verhalten und unseren Umgang mit Leid und Krisen beeinflussen können

Dargestellt sind nur einige exemplarische Zusammenhänge – mit der Einladung, dieses Schaubild weiterzudenken und persönliche Aspekte zu integrieren. Die blaugrauen Begriffe am Rand sind die zugehörigen Faktoren, die unsere innere Widerstandskraft, die Resilienz fördern.

Zum Einstieg – wo auch immer – gehört die Reflexion: Schauen, wo stehen wir, worum genau geht es gerade?

Ein wichtiger, vielleicht der zentrale Schritt: das *Annehmen* der Situation. Wenn wir uns erlauben innezuhalten, können wir spüren, welche Gefühle sich da melden, vielleicht großer Schmerz, Hilflosigkeit, Not oder auch Verzweiflung oder etwa die Einsamkeit. Das bedeutet *Akzeptieren,* dass diese Situation gerade schwer ist. Es geht darum, wohlwollend zu sein, wenn es uns beutelt, keine Fassade aufrechthalten zu müssen. Dieser Schritt ist zentral, weil uns dieses »Wahrhabenwollen« oft schwerfällt. Oft tendieren wir dazu, rasch die »richtige« Antwort zu finden, anstatt etwas als schwierig zu benennen und anzuerkennen, dass wir keine schnelle Lösung wissen. Das Sicheingestehen, dass wir gerade hilflos sind und nicht weiterwissen, lässt uns vermeintlich schwach erscheinen. Genau deshalb liegt im Annehmen eine große Stärke.

Dieses Annehmen vermag uns zu beruhigen und lädt uns ein, uns im Kontext eines *sinnerfüllten Lebens* wiederzuerkennen und uns zu erfahren als jemand, der dem Leben antwortet – ganz im Sinne einer Sinn-Verwirklichung nach Viktor Frankl (1946/2018).

Zu unserem Kontext als soziale Wesen gehören immer auch andere Menschen: Welche vertraute Person könnte uns helfen, an wen können wir uns wenden? Uns *Unterstützung* zu holen hilft auf vielen verschiedenen Ebenen: uns mitzuteilen, Trost zu erhalten oder auch ganz konkrete Hilfe und Beistand zu empfangen.

Auch die Erinnerung hilft dabei, uns unserer *Handlungsfähigkeit* bewusst zu werden, wenn wir darüber nachdenken, was uns bisher in schweren Zeiten geholfen hat. Wir finden leichter Lösungen, wenn wir sie erwarten, werden kreativ und flexibel. Diese Haltung gibt uns *Zuversicht* und macht uns optimistisch. Wunderbarerweise sind Optimismus und Dankbarkeit eng miteinander verbunden – sie nähren sich gegenseitig. Die *Dankbarkeit* können wir nähren mit *Achtsamkeit* nach innen und außen: die kleinen – positiven – Dinge wahrnehmen. *Energy flows where attention goes.* Wohin wir unsere Aufmerksamkeit lenken, dahin fließt auch unsere Energie.

Dieser Einstieg in *positive Emotionen* kann zum Beispiel über ein Dankbarkeitstagebuch gelingen, über Meditation, Yoga oder zum Beispiel Qigong.

Und so laden wir sie ein, die Momente des Glücks und des Wohlbefindens.

Einladung zur Dankbarkeitsübung

Mit dieser Übung kannst du gleich anfangen – sie braucht keine Vorbereitung und es gibt viele Versionen – also wirst du sicher eine finden, die zu dir passt.

Jeden Abend schreibst du drei Dinge auf, für die du an diesem Tag dankbar warst: eine Tasse Tee oder Kaffee, das Lächeln einer Freundin, die gemeinsame Zeit mit deinen Kindern, der Spaziergang mit dem Hund in den Wald … ob klein oder groß spielt keine Rolle.

Wenn du kein Dankbarkeitstagebuch führen möchtest, kannst du bunte Zettel in einem großen Einmachglas sammeln, dir Bohnen in eine Hosentasche stecken und bei jeder Gelegenheit, bei der etwas passiert, wofür du dankbar sein kannst, in die andere Hosentasche stecken.

Wenn du es am Abend machst, kreiere ein kleines Ritual, mache dir eine Kerze an, eine Tasse deines Lieblingstees oder deine liebste Musik: Mach es dir schön.

Von Zeit zu Zeit hältst du Rückschau, blätterst in deinem Journal, liest die Zettel durch, schaust die gesammelten Bohnen an – und lässt die Geschehnisse Revue passieren.

Was passiert bei der Dankbarkeitsübung? So klein sie daher kommt, so wunderbar vielfältig wirkt sie: Wir bekommen mehr Aufmerksamkeit für die Dinge, die uns dankbar machen (gemäß dem Leitsatz »Energy flows where attention goes«). Schon sechs Wochen lang nur einmal pro Woche zu formulieren, wofür man dankbar ist, steigert die Selbstfürsorge und lässt ein Glücksgefühl wachsen (Emmons und McCullough 2003).

Selbstfürsorge im Leid

So – oder so ähnlich – kann Selbstfürsorge in schweren Zeiten, im Leid gelingen. Persönliche Erfahrungen leiten uns immer wieder auf diesem Weg – unabhängig von den Umständen, in denen wir gerade leben: Unser Bewusstsein für unsere Gestaltungsspielräume, unsere Ressourcen, unsere resiliente Haltung sind es, die es uns erlauben, auch Glücksmomente zu erkennen – *neben* allen anderen Gefühlen.

Dr. med. **Constance Spring** ist systemische Psychotherapeutin und Supervisorin in eigener Praxis in München. Außerdem ist sie in der systemischen Weiterbildung engagiert und leitet Seminare zum Thema Umgang mit Stress, Resilienz und Selbsterfahrung.

Kontakt: perspektiven.wechsel@posteo.de
Website: https://constance-spring.de

Literatur

Emmons, R. A.; McCullough, M. E. (2003). Counting blessings versus burdens: An experimental investigation of gratitude and subjective well-being in daily life. In: Journal of Personality and Social Psychology, 84(2), S. 377.

Frankl, V. E. (1946/2018). … trotzdem Ja zum Leben sagen. Ein Psychologe erlebt das Konzentrationslager. München.

Gilan, D.; Kunzler, A.; Lieb, K. (2018). Gesundheitsförderung und Resilienz. In: PSYCH up2date. 12. 155–169.10. 1055/s-0043-121606.

Hepp, T. (2004). Wolfgang Güllich – Leben in der Senkrechten. Eine Biographie. Stuttgart/Nürnberg.

Welter-Enderlin, R.; Hildenbrand, B. (Hrsg.) (2006). Resilienz – Gedeihen trotz widriger Umstände. Heidelberg.

Sterbebegleitung in der Ausbildung von Pflegeschüler*innen – Anspruch und Wirklichkeit?

Doris Schlömmer

»Ich habe keine Angst vor dem Sterben. Ich möchte bloß nicht dabei sein, wenn es passiert.« Der amerikanische Regisseur und Schauspieler Woody Allen (*1935) spricht aus, was viele von uns denken. Er spricht eine Sterbekultur an, wie wir sie heute erleben. Sterben und Tod sind in der Gesellschaft allgegenwärtig, werden aber dennoch tabuisiert, indem das Ende des Lebens im Widerspruch zur Realität steht. Die Betreuung am Lebensende wird zudem nicht oder nur selten durch An- und Zugehörige, sondern durch professionell Pflegende übernommen und findet zusehends in stationären Einrichtungen statt (Nagele und Feichtner 2012). Die zunehmende Lebenserwartung, das Fehlen sozialer Netzwerke und familiärer Strukturen werden als Gründe der Institutionalisierung genannt (Giese 2013).

Die Realität zeigt, dass bei jungen Menschen der Tod zwar in Medien allgegenwärtig ist, es aber wenig direkte Kontakte mit Sterbenden im gesellschaftlichen Leben gibt und persönliche Erfahrungen im Umgang mit sterbenden Menschen unzureichend vorhanden sind (Jenull-Schiefer, Mayr und Mayring 2006; Widegger, Schulc und Them 2011). Durch das Fehlen persönlicher Betroffenheit können die Konfrontation mit und die Nähe zum Tod dann mitunter sehr belastbar, wenn nicht sogar unaushaltbar, werden.

Um die Begleitung sterbender Menschen in der End-of-life Care anbieten zu können, braucht es – auch zur eigenen Selbstfürsorge – die frühzeitige Auseinandersetzung mit eigenen Vorstellungen, die Aneignung fachlicher Kompetenzen und eine entsprechende Haltung und Arbeitskultur (Pleschberger und Heimerl 2005; Jafari et al. 2015).

Erleben von Sterbebegleitung in der Pflegeausbildung

Die Betreuung von Menschen in der letzten Lebensphase, die *Pflege* Verstorbener und die Begleitung der trauernden An- und Zugehörigen in unterschiedlichen Settings zählen zu den bedeutendsten Aufgaben von Pflegepersonen. Seitens der Gesellschaft wird es als selbstverständlich gesehen, dass Pflegepersonen mit dem Phänomen Tod und seinen emotionalen Auswirkungen umgehen können.

Im Rahmen der Grundausbildung sollen angehende Pflegepersonen dazu befähigt werden, soziale, kognitive und emotionale Fähigkeiten und eine entsprechende Sorge- und Betreuungskultur zu erlangen. Eine Untersuchung aus Deutschland (Ohlrogge 2012) hält dazu fest, dass Pflegeschüler*innen in der Ausbildung jedoch gar nicht oder nur unzureichend auf die Arbeit mit unheilbar kranken und sterbenden Patient*innen vorbereitet werden.

Eine vor einigen Jahren durchgeführte schriftliche Befragung bei Studierenden im Studiengang Gesundheits- und Krankenpflege in Österreich zeigte, dass etwa ein Drittel der Befragten über keinerlei Erfahrungen mit Sterben und Tod verfügten und allein die Vorstellung, mit sterbenden Menschen im Praktikum konfrontiert zu werden, Angst, Unsicherheit und großes Unbehagen auslöst (Halbmayr-Kubicsek 2015). Ähnliche Ergebnisse konnten auch in halbstrukturierten mündlichen Interviews bei Pflegeschüler*innen vom gehobenen Dienst für Gesundheits- und Krankenpflege (n = 20) in Oberösterreich festgehalten werden. Dabei wurde der Frage nachgegangen, wie die Rolle als betreuende Pflegeperson von sterbenden Menschen im Alltag stationärer Langzeitpflegeeinrichtungen erlebt wird und vor welche Herausforderungen sie dabei gestellt werden (Schlömmer 2017). Es zeigte sich, dass die Begegnung mit Sterben und Tod oft unvorbereitet und plötzlich stattfindet. Die Auszubildenden nehmen ihre Rolle als Betreuende zwar wahr, sind aber oft Laien im Umgang mit sterbenden Menschen. Die Konfrontation und die Nähe zum Tod können demnach in der pflegerischen Ausbildung zu einer emotionalen Belastung und persönlichen Herausforderung werden.

Im Rahmen der Befragung gaben 75 Prozent an, dass sie kaum Unterstützung im beruflichen Alltag erfahren: »Es ist auch (…) nicht gefragt worden, wie hast du das empfunden oder wie geht es dir? Niemand hat das interessiert« (B6, 7). Sie messen der Auseinandersetzung mit Sterben und Tod eine hohe Bedeutung bei, werden aber, insbesondere dann, wenn das Pflegepersonal selbst überlastet ist, davon abgehalten. Sie betonen hierbei die Wichtigkeit der Vermittlung von emotionaler Kompetenz in beiden Lernbereichen, sowohl im Unterricht als auch im Praktikum: »Es ist auch wichtig, dass im Unterricht

Palliativpflege thematisiert wird, das ersetzt aber nicht die Praxis. Man muss es einfach miterleben und am eigenen Leib als Begleiterin erfahren« (B19, 41).

Für die hohe emotionale Anforderung und Unsicherheit kann der erste Kontakt oder die oft unvorhergesehene Konfrontation verantwortlich sein: *»Es ist schon komisch, wenn eine Person vor dir liegt, die kurz vorm Sterben ist, und man sieht das Ganze zum ersten Mal. Aber es war klar, dass sie sterben wird, ich aber war damit schon überfordert«* (B3, 11). Des Weiteren werden die gegenwärtige Einsamkeit der zu betreuenden Men-

Helmut Hoffmann-Menzel

schen, eine unbeeinflussbare Schmerzsituation und der nicht zufriedenstellende Umgang mit Nahrung und Flüssigkeit genannt. Hier werden vor allem Angst, Selbstzweifel, Wut und Trauer beschrieben. Ist allerdings eine bedürfnisorientierte Pflege möglich, wird die Betreuung weniger belastend empfunden: *»Ich habe herausgefunden, auf was Herr B. Wert gelegt hat. Als ich das gewusst habe, war ich doch zufrieden, ich konnte noch was Gutes tun«* (B17, 31). Im Umgang mit Emotionen wird ein Zulassen der Gefühle gefordert. Verzweiflung, Hilflosigkeit und Ohnmacht dürfen beziehungsweise sollen unbedingt gezeigt oder verbalisiert werden: *»Um Sterbebegleitung erlernen zu können, muss man Gefühle zulassen dürfen und auch zeigen können, dass man weinen darf«* (B12, 39).

Die Auszubildenden merken indessen aber auch an, dass sich eigene Erfahrungen in der Sterbebegleitung positiv auswirken: *»Den Umgang mit Sterbenden und das Eingehen auf sie kann man, wenn man einige betreut hat, schon lernen. Das Einfühlungsvermögen muss aber mitgebracht werden«* (B17, 37).

Was den Auszubildenden auch sehr wichtig ist, sind Werte wie Würde, Respekt und Wertschätzung. Wird diese Haltung nicht gelebt, ist die Be-

> *Sterben und Tod sind in der Gesellschaft allgegenwärtig, werden aber dennoch tabuisiert, indem das Ende des Lebens im Widerspruch zur Realität steht.*

gleitung eher belastend: »*Es ist schade, dass man da die Gefühle nicht berücksichtigt. Der Mensch soll ja noch Mensch bleiben dürfen, vor allem im Sterben*« (B19, 25). Als bewohnerspezifische Merkmale werden das fortgeschrittene Alter, die familiäre Isolation, die mangelnde Selbstbestimmung und die Multimorbidität genannt. Das Alter wird dabei als erleichternd eingestuft: »*Mit 94 Jahren soll man schon in Ruhe sterben dürfen. Daher habe ich es nicht als so schlimm empfunden, sondern es für sie als Erlösung gesehen*« (B9, 9).

Mit Sterben und Tod in der Praxis umgehen (lernen) …?

Dass die Konfrontation mit Sterben und Tod bei Pflegeschüler*innen Ängste, Unsicherheiten und Ohnmachtsgefühle auslösen kann, konnte neben den Untersuchungen von Halbmayr-Kubsicsek (2015), Ohlrogge (2012) und Schlömmer (2017) auch in weiteren Studien bestätigt werden (Charalambous und Kaite 2013; Parry 2011). Dabei ist festzuhalten, dass der Umgang mit sterbenden Menschen für Pflegeschüler*innen vor allem dann emotional belastend ist, wenn keine Vorbereitung auf die Situation und kein entsprechender Support in der aktuellen Lage erfolgen. Die Überforderung äußert sich in Trauer, Angst und Hilfslosigkeit und wird durch mangelnde Kommunikation, fehlende Beziehungsarbeit sowie rasches Abarbeiten von notwendigen Tätigkeiten kompensiert (Mutto et al. 2010). Welche Strategien gibt es nun aber für Auszubildende in der Pflege, um nicht überfordert, unsicher, enttäuscht und von der aktuellen Gegebenheit ernüchtert zu sein?

Pflegeschüler*innen auf die Betreuung Sterbender vorzubereiten bedeutet vor allem, ihnen einen Weg zu einer palliativen ganzheitlichen Pflege- und Begleitkultur aufzuzeigen. In der aktuellen Handreichung für die Pflege(fach)assistenzberufe sind in Österreich definierte Unterrichtseinheiten und -inhalte in Palliative Care vorgegeben (GÖG 2017). Im Rahmen der tertiären Ausbildung zum gehobenen Dienst für Gesundheits- und Krankenpflege an Fachhochschulen ist keine Anzahl an Unterrichtseinheiten festgelegt, da die Erstellung der Curricula im Kompetenzbereich der jeweiligen Fachhochschulen liegt. Demnach gibt es hier eine große Heterogenität, was in einer aktuellen Ist-Analyse zu den Ausbildungsinhalten von Brandstötter et al. (2021) bestätigt werden konnte.

Daher ist es umso wichtiger, neben der Standardisierung von Unterrichtsstunden und Lerninhalten, im Praxisfeld jene Werte zu fördern, welche die Auszubildenden von sich aus oft mitbringen, nämlich Empathie und Begegnungen auf Augenhöhe. Dabei muss auch die Diskrepanz zwischen dem eigenen Anspruch und der tatsächlichen Wirklichkeit angesprochen und folglich reduziert werden.

Findet bereits vor dem ersten Praktikum ein Unterricht zum Thema End-of-life Care statt, sind eine Auseinandersetzung und bedürfnisorientierende Pflege in der Praxis möglich. Je früher in der Ausbildung neben den palliativen Grundsätzen auch emotionale Strategien zur Verarbeitung angesprochen werden, umso eher kann der Angst entgegengewirkt werden. Lehrende sollten vorhandene Sorgen bereits vor dem ersten Praktikum ansprechen und anhand erfahrungsgestützter Lernmethoden (zum Beispiel Simulationstraining, Szenisches Spiel, Fallarbeit) versuchen aufzulösen. Während des Praktikums kommt Pflegepersonen und/oder Praxisanleiter*innen als Vorbilder eine wesentliche Rolle bei ethischen Lernprozessen zu. Sie tragen als Vorbilder dazu bei, dass sich Auszubildende ein angemessenes Bild der Situation machen können, und unterstützen durch die Priorisierung von offener Kommunikation und gelebter Professionalität von Respekt, Empathie und Wertschätzung die Haltung der Auszubildenden. Darüber hinaus benötigt es ausreichende Zeitressourcen für die Befriedigung von patientenbezogenen Bedürfnissen und eine Arbeitskultur, wo Zuneigung und Emotionen Platz haben »dürfen«.

Ernst Ludwig Kirchner, Frau beim Tee: Die Kranke, 1914 / Bridgeman Images

Nach dem Praktikum gilt es, erfahrene Begegnungen in kollegialen Gesprächen zu analysieren und erlebte Momente aufzuarbeiten. Dazu können didaktische Methoden wie die sogenannten zehn »C« der Reflexion von Christoph Johns (2000, S. 70) eingesetzt werden.

»C« der Reflexion	Bedeutung	Beschreibung der einzelnen Schritte
Commitment	Engagement	Selbstverantwortung übernehmen und sich mit eigenen Erfahrungen auseinandersetzen
Contradiction	Widersprüchlichkeit	Bewusstwerden der Diskrepanz zwischen idealen und tatsächlichen Handlungsweisen
Conflict	Konfliktverhalten	Annahme eines Konflikts als Antrieb zum Lernen durch Reflexion
Challenge	Konfrontation	Einsatz des Konflikts als Widerspruch durch Außenstehende und andere Meinungen
Catharsis	Katharsis	Ausdrücken von negativen Emotionen als Auslöser positiver Reflexionsprozesse
Creativity	Kreativität	Suchen nach neuen, alternativen Lösungsansätzen für die Zukunft
Connection	Verknüpfung	Verbindung neuer Einsichten auf den Ebenen der Handlung, Wahrnehmung und Erfahrung
Caring	Fürsorge	Betonung von Fürsorge als Teil der reflexiven Beziehungsarbeit in der Pflege
Congruence	Kongruenz	Ganzheitliche Betrachtung und Beantwortung der Frage nach Sinn, Entscheidung und Einsicht
Constructing	Wissensaufbau	Erweiterung vom persönlichen Fachwissen durch Verständnis implizierter Verhaltensmuster

Anhand vorgegebener Reflexionsfragen überdenken die Schüler*innen persönliche Auffassungen zum Engagement oder zur Widersprüchlichkeit in der Situation, dem Konflikt mit dem eigenen Ich, den Umfang der Konfrontation, den empfundenen Emotionen, der Rolle der Fürsorge und der eigenen Kongruenz. Eine weitere Möglichkeit bietet auch die ethische Fallarbeit, wo von den Ausbildenden selbst ein Fall aus der Praxis eingebracht und anhand des Modells »Moral Apprenticeship« von Key und Monteverde (2020) bearbeitet wird. Ziel dieser Fallarbeit, die anhand von sechs Schritten erfolgt, sind eine differenzierte Wahrnehmung der erlebten Situation und die Förderung eines Perspektivenwechsels, ohne die eigene Wahrnehmung zu disqualifizieren, aber die moralische Entwicklung zu fördern.

Zusammenfassend ist festzuhalten, dass Pflegeschüler*innen auf die Betreuung sterbender Menschen im Unterricht vorbereitet und im Praktikum begleitet werden müssen. Dies stellt einen wertvollen Beitrag für eine nachhaltige palliative Kultur in allen pflegerischen Settings dar und verändert auch den gesellschaftlichen Zugang zu Sterben und Tod. Dieser Verantwortung müssen sich alle an der Ausbildung beteiligten Personen bewusst sein.

 Doris Schlömmer, MA, MMSc ist Diplomierte Gesundheits- und Krankenpflegerin, Pflegeexpertin Intensivpflege und Dialyse, Pflegepädagogin mit Schwerpunkt Palliative Care und Simulation, Studiengangsleiterin ULG Palliative Care.

Kontakt: doris.schloemmer@pmu.ac.at
Website: www.ulg-palliativecare.at

Literaturliste bei der Autorin erhältlich.

Sich und andere besser verstehen mit dem Kernqualitätenquadrat von Daniel Ofman[1]

Peggy Steinhauser

Menschen professionell und hilfreich zu unterstützen und gleichzeitig sich selbst nicht aus dem Blick zu verlieren, bedarf einer guten und kontinuierlichen Selbstreflexion. Sich selbst gut zu kennen ist ein wesentlicher Bestandteil der Selbstreflexion. Und je mehr wir uns selbst verstehen, umso besser sind wir in der Lage, andere zu verstehen.

Ofmans Konzept der Kernqualitäten bietet eine spannende Anregung, sich selbst spielerisch kennenzulernen. Ofman vertritt mit seinem Konzept der Kernqualitäten die These, dass jede Person über ureigene angeborene (Kern-)Qualitäten verfügt. Diese zu kennen und weiterzuentwickeln sieht er sowohl als Basis der eigenen Zufriedenheit, Vitalität und Inspiration als auch als Voraussetzung zur persönlichen Weiterentwicklung; das heißt, von den positiven Gegebenheiten auszugehen, anstatt sich an den Defiziten aufzureiben.

Ziel ist es, »sich zu interessieren, neugierig auf die positiven Seiten eines Menschen zu sein oder zu werden« (Ofman 2010, S. 52).

Diese Fortbildungseinheit bietet einen ersten Impuls, sich dem Konzept anzunähern, sich ein Stück weiter kennenzulernen und (immer wieder neu) zu reflektieren:

- Was lässt mich zufrieden und inspirierend sein?
- Was möchte ich noch entwickeln, um noch ausgeglichener mit meinen »Gegebenheiten« und »Herausforderungen« zu werden?
- Was kann ich von anderen lernen für meine Weiterentwicklung?
- Wie kann ich dadurch auch hilfreicher und inspirierender im Miteinander werden?

Daher eignet sich diese Einheit sowohl als Teil einer Selbsterfahrungs- oder Selbstreflexionsfortbildung als auch als Einheit zu Beginn eines gemeinsamen Lernprozesses (zum Beispiel einer Trauerbegleitungsqualifizierung) mit persönlichen Lernzielen.

Als Einstieg bietet sich eine kurze theoretische Einführung zu den Kernqualitäten und dem Kernquadrat an (ausführlich vgl. Ofman 2010, S. 20 ff.). *Kernqualitäten* sind Eigenschaften, die zum Wesen einer Person gehören. Das sind die Qualitäten, an die wir sofort denken, wenn der Name fällt. Im Unterschied zu im Laufe des Lebens angelernten Fertigkeiten sind Kernqualitäten angeboren. Alles Tun ist davon gefärbt. Je genauer eine Person auf ihre Kernqualitäten eingestimmt ist, umso zufriedener und inspirierender ist sie.

Jede Kernqualität hat aber auch ihre Schattenseite, die sogenannte *Falle*. Konkret ist diese Falle ein Zuviel des Guten. Dann wird zum Beispiel Hilfsbereitschaft zu Bevormundung übersteigert oder Sorgfalt zu Pedanterie. Die eigenen Fallen werden einem gern zum Vorwurf gemacht. Die eigenen Fallen zu kennen und sie wohlwollend zu akzeptieren, hilft der persönlichen Weiterentwicklung. Die Falle lässt sich auflösen, wenn die Kernqualitäten mit den persönlichen Herausforderungen in Balance gebracht werden, wenn beispielsweise zur Kernqualität Tatkraft die Herausforderung Geduld entwickelt beziehungsweise gestärkt wird. Die *Herausforderung* ist also das positive Gegenteil der *Falle*, zum Beispiel Geduld gegenüber der Falle Quengeligkeit. Die *Kernqualitäten* und die *Herausforderungen* sind einander ergänzende Qualitäten.

Leidfaden, Heft 3 / 2023, S. 91–93, ISSN (Printausgabe): 2192-1202, ISSN (online): 2196-8217, © 2023 Vandenhoeck & Ruprecht

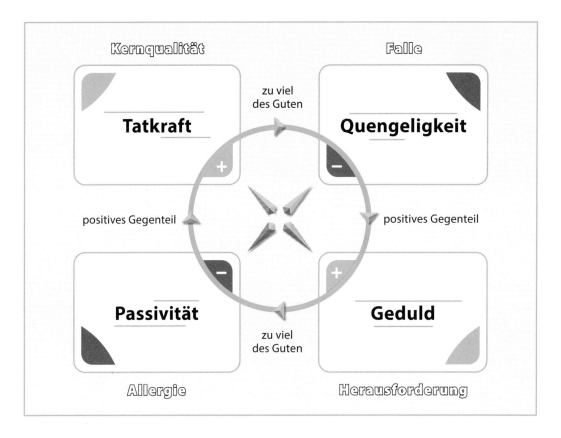

Die *Allergie* bezieht sich auf ein Zuviel der *Herausforderung*. In der Regel reagieren wir auf dieses Zuviel allergisch, zum Beispiel reagiere ich auf Passivität als ein Zuviel von Geduld allergisch, wenn meine Kernqualität Tatkraft ist.

Je stärker eine Person mit der eigenen *Allergie* konfrontiert wird, umso wahrscheinlicher ist es, dass sie in ihre *Falle* tappt. Wenn der Tatkraft Passivität begegnet, wird aus der Tatkraft schnell Quengelei.

Interessant ist, dass wir von Menschen, auf die wir allergisch reagieren, am meisten lernen können. »Sie haben nämlich genau von dem zu viel, von dem du zu wenig hast« (Ofmann 2010, S. 64).

Vorgehensweise

Jede*r Teilnehmer*in erhält ein Arbeitsblatt mit einem leeren Kernquadrat. Es folgt eine ca. 15-minütige Einzelarbeit, bei der jede*r Teilnehmer*in die ausgelegten Karten mit den Kernqualitäten (Begriffe mit einem + gekennzeichnet) und Fallen (Begriffe mit einem – gekennzeichnet) aus dem Spiel von Daniel Ofman (2005) in Stille sichtet.

Im ersten Schritt wird eine persönliche Kernqualität in das Kernquadrat oben links eingetragen (zum Beispiel »Tatkraft«) und von dort weiter

überlegt, was zu der konkreten Kernqualität die eigene persönliche Falle (zum Beispiel »Quengeligkeit«), die Herausforderung (zum Beispiel »Geduld«) und die Allergie (zum Beispiel »Passivität«) ist. Wichtig ist die Fokussierung auf zunächst eine Kernqualität.

Nach der Einzelarbeit bilden sich Kleingruppen (idealerweise je drei Teilnehmer*innen) und stellen sich ihre persönlichen Kernquadrate vor. Ziel des Austauschs ist es, sich die einzelnen Kernqualitäten und sich daraus ergebenden Herausforderungen bewusst zu machen und miteinander herauszuarbeiten, von welchen Kernqualitäten anderer Teilnehmer*innen ich am meisten lernen kann (das sind meistens diejenigen, auf die ich zuweilen *allergisch* reagiere).

Extraeinheit, je nach Vertiefungswunsch

Vertiefend kann eine weitere Kleingruppenarbeit initiiert werden. Dazu wählt jede*r Teilnehmer*in eine persönliche Allergie (es hilft, sich eine konkrete Person vorzustellen, auf die ich allergisch reagiere, und zu überlegen, welches konkrete Verhalten meine Allergie auslöst).

Aufgabe der Kleingruppe ist es dann, gemeinsam zu überlegen, welche Kernqualität die Kehrseite des jeweiligen Verhaltens sein könnte. Ziel ist es, gemeinsam einen Perspektivwechsel zu ermöglichen und dann im nächsten Schritt zu überlegen: Was könnte ich von dieser Person lernen? Erinnere: »Die Menschen, die dich am meisten nerven, können deine besten Lehrer sein!« (Ofman 2010, S. 64).

Dem Austausch in den Kleingruppen folgt ein interaktiver Übertrag ins Plenum. Was glaube ich, von welchen *Kernqualitäten* ich lernen kann? Dazu lohnt es, unterschiedliche Kernqualitäten der Teilnehmer*innen zu hören und mit den persönlichen Herausforderungen abzugleichen und darüber in Erfahrung zu bringen, von wem ich im Laufe des gemeinsamen Lernens Unterstützung bei meinen persönlichen Herausforderungen finden kann.

Ziel ist es, sich auf spielerische und neugierige Weise selbst zu reflektieren und sich *noch besser* kennen zu lernen, und darüber hinaus, andere besser zu verstehen und hinter manchem für mich herausfordernden Verhalten Qualitäten zu entdecken. Das fördert Selbsterkenntnis ebenso wie Respekt vor dem Gegenüber mit seinen Besonderheiten.

© Hendrik Lüders

Peggy Steinhauser, Diplom-Theologin, Referentin und systemische Supervisorin (SG), leitet das Hamburg Leuchtfeuer Lotsenhaus, ein Haus, das die drei Bereiche Bestattung, Bildung und Trauerbegleitung unter einem Dach vereint.

Kontakt: p.steinhauser@hamburg-leuchtfeuer.de

Literatur

Ofman, D. (2005). Kernqualitäten. Das Spiel. Eine einzigartige und inspirierende Art und Weise, sich selbst und andere besser kennen zu lernen. 128 Karten. Kiesby.
Ofman, D. (2010). Hallo, Ich da …?! Entdecke deine Kernqualitäten mit dem Kernquadrat. Kiesby.

Anmerkung

1 Die Zusammenstellung dieser Fortbildungseinheit erfolgt nach Daniel Ofman (2010). Hallo, Ich da …?! Entdecke deine Kernqualitäten mit dem Kernquadrat. Kiesby.

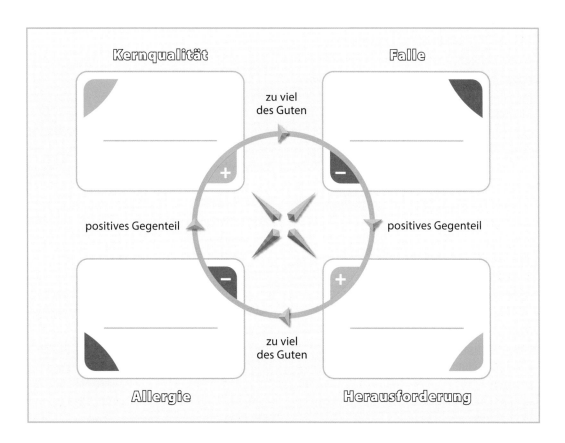

Stille. Ein Wegweiser

Petra Rechenberg-Winter

Erling Kagge:
Stille. Ein Wegweiser.
Aus dem Norwegischen
von Ulrich Sonnenberg.
Berlin: Insel, 2017,
143 Seiten

Mit seinem Buch lädt der Autor in verschiedenartige Räume der Stille ein. Der Norweger Erling Kagge (*1963) ist Verleger, Jurist, Kunstsammler, Vater und Abenteurer. Er erreichte den Nordpol, den Südpol und bestieg den Mount Everest. Dabei folgte er seinem »tiefen Bedürfnis nach Stille«, der Stille als »Freund« und »Luxusgut« (S. 11), das Bereicherung an sich ist, eine besondere Qualität, exklusiver Schlüssel zu einer neuen Art des Denkens und Erlebens.

Kritisch betrachtet er alltägliche Hektik und beständige Geschäftigkeit als Flucht vor uns selbst. Den uns umgebenden Lärm entlarvt er als suchterzeugend, in dem es leichter ist, darin fortzufahren als aufzuhören. Wieder und wieder schauen wir aufs Smartphone, checken Mails, meinen, erreichbar sein zu müssen, befürchten, etwas zu verpassen – und verpassen dabei uns selbst. All diese Ablenkungen bedeuten, von sich selbst abgezogen zu sein, und verweisen auf die persönliche Furcht, sich besser kennenzulernen.

Erling Kagge folgte seinen persönlichen Leitfragen: Was ist Stille? Wo ist sie? Weshalb ist sie heute wichtiger denn je? Er bietet seinen Leser*innen dreiunddreißig Annäherungen an Antworten und lädt in seine Erfahrungsräume ein, sich dort anregen zu lassen, eigenen Konsequenzen nachzuspüren.

Wenn man bereit ist, die Welt auszusperren und eine Reise in sein Inneres anzutreten, kann man auf dem Weg zur Arbeit, beim Lesen, Stricken, Musikhören, beim Abwaschen, beim Yoga seinen eigenen Südpol finden, denn Stille ist überall. Es geht nicht darum, darauf zu warten, dass es still wird, sondern »Du musst dir deine eigene Stille schaffen« (S. 60). So lockt der Autor, eine Insel für sich selbst zu sein und die innige Nähe zu erfahren, die nur die Stille erzeugt.

Stille ist ein meditatives Buch, das mich beim Lesen still macht, und die eindrücklich-sinnlichen Fotos unterstützen diese Wirkung.

»Es geht darum, das, was man tut, von innen zu betrachten. Zu erfahren und nicht zu viel zu denken. Jeden Augenblick groß genug sein lassen. Nicht durch andere und anders leben. Die Welt ausschließen und seine eigene Stille schaffen, wenn man läuft, kocht, Sex hat, studiert, redet, arbeitet, auf neue Ideen kommt, liest oder tanzt« (S. 56).

Die Geschlechter des Todes

Norbert Mucksch

»Der Tod widerfährt uns in unserer Leiblichkeit, die aber trägt eine geschlechtliche Signatur« – mit diesen Worten beginnt auf der Verlagsseite von Vandenhoeck & Ruprecht die Kurzbeschreibung dieser Neuerscheinung, die sich aus theologischer Perspektive mit den Fragen rund um Tod und Gender beschäftigt. Die Beiträge bilden Ergebnisse aus drei Fachtagungen ab, die in den Jahren 2013, 2016 und 2019 in Bern in der Schweiz stattfanden, und dokumentieren Forschungsergebnisse und Vorträge aus unterschiedlichen theologischen Disziplinen rund um den Themenkreis Tod und Gender. Das umfangreiche Buch gliedert sich in fünf Hauptabschnitte.

Im ersten dieser Teile befassen sich vier Autor*innen unter der Überschrift »Leiden und Begleiten« unter anderem mit Sorge-ethischen

Betrachtungen zur Pflege betagter Angehöriger (Simon Hofstätter) und auch mit Zusammenhängen zwischen Demenz und Gender (Lukas Stuck und Melanie Werren).

Der zweite Hauptteil des Buches trägt die Überschrift »Sterben und Töten«. Darin geht es unter anderem (ganz theologisch) um frühchristliche Gendervariationen zum Sterben Jesu, aber auch um das ganz aktuelle Thema des assistierten Suizids unter Gendergesichtspunkten. Aus meiner Sicht ohne Frage eine lohnenswerte und wichtige Betrachtungsperspektive.

Mit dem Begriffspaar »Hadern und Trauern« ist der dritte Teil des Buches überschrieben. Katharina Heyden befasst sich in ihrem Beitrag mit dem Dilemma christlicher Männer in der Spätantike, nicht trauern zu dürfen und möglicherweise eben genau deshalb nicht trauern zu können.

Im vierten Teil des Buches, »Bestatten und Abschiednehmen«, finden sich Beiträge mit ganz aktuellen Bezügen und Fragestellungen, so zum Beispiel wenn Martin Hoondert (Dozent für Musik, Religion und Ritual in Tilburg/Niederlande) sich mit Ursachen und Konsequenzen des Geschlechterungleichgewichts in der Profession des*der Ritualbegleiter*in unter sich verändernden kulturellen Rahmenbedingungen auseinandersetzt. Dieser Beitrag mag für Menschen in der Trauerbegleitung ebenso von besonderer Relevanz sein wie auch der nachfolgende Beitrag von David Plüss, der sich mit neuen Formen von Bestattung unter Genderaspekten und einer rasanten Veränderung der Bestattungskultur auseinandersetzt.

Unter der Überschrift »Erinnern und Hoffen« finden sich im letzten Teil Beiträge, die sich mit mütterlichem Trauern nach einer »stillen Geburt« beschäftigen (Christina Betz) oder auch mit Fragen rund um Tod und Jenseits aus gendersensibler religionspädagogischer Perspektive (Stefanie Lorenzen).

Das umfangreiche Buch, in dem nicht weniger als 25 Autor*innen das Thema Tod und Gender aus den unterschiedlichsten Blickwinkeln betrachten und durchdringen, ist in der inzwischen schon fast unübersichtlichen Fülle an Literatur zu Sterben, Tod und Trauer eine sehr lesenswerte und vor allem vielschichtige Ausnahme. Es spannt einen weiten Bogen über historische Analysen, theologische Reflexionen, kulturhistorische Betrachtungen bis hin zu ganz aktuellen Fragestellungen in der Religionspädagogik und der zeitgemäßen Gestaltung von Ritualen. Es enthält Beiträge, die für Menschen, die sich im Tätigkeitsfeld Sterbe- und Trauerbegleitung sowie in der Seelsorge für Menschen im Angesicht des Todes engagieren, sowohl reflektierende, erhellende als auch ermutigende Gedanken und Anregungen. Weil dieses Buch ganz andere Blickwinkel einnimmt und sich dadurch so deutlich abhebt von vielen anderen Veröffentlichungen in diesem Themensegment, stellt es eine nicht nur sehr sinnvolle, sondern aus meiner Sicht auch eine sehr wertvolle Ergänzung dar, die die Option bereithält, den fachlichen wie auch den persönlichen Blick zu weiten und auf eine sehr (gender-)spezifische Art und Weise Tod und Trauer zu verstehen und darüber hinaus auch zu sensibilisieren.

Angela Berlis; Magdalene L. Frettlöh; Isabelle Noth; Silvia Schroer (Hrsg.): Die Geschlechter des Todes – Theologische Perspektiven auf Tod und Gender. Göttingen: Vandenhoeck & Ruprecht, 2022, 484 Seiten mit 35 Abbildungen (als Open Acces verfügbar)

BUNDESVERBAND TRAUERBEGLEITUNG E.V.

»Qualität bedeutet für mich, zu wissen, wie ein Apfel schmeckt«

Der Zusammenhang von Selbstsorge und Qualität in der Trauerbegleitung

Carmen Birkholz

Eine Gruppe schlendert die 250 Meter vom Roncalli-Haus zum Magdeburger Dom. Abendprogramm – wie man das so macht bei der Jahrestagung des BVT. Man lässt sich mittreiben und einer hat etwas für alle vorbereitet. Wir betreten den Dom und erfahren auch körperlich eine gefüllte Stille. Was für ein Raum! Die Frau, die uns durch den Dom führt, lässt uns teilhaben an ihrem Wissen und ihrer Begeisterung für die Kirche. Sie erzählt von der Entstehung im 13. Jahrhundert, von ihrer Zerstörung durch Bomben 1944/45 und ihrem Wiederaufbau. Sie ist Predigtstätte des Evangelischen Landesbischofs und Wahrzeichen der Stadt. Sie erzählt von den vielen Geschichten der Menschen, die diese Kirche aufgesucht haben. Wie viele Tränen sind hier geweint worden aus Angst, Trauer, Sorge und auch vor Freude? Die existenziellen Lebenserfahrungen von Menschen über Jahrhunderte hinweg, ihre Hoffnungen, die sie in der Kirche gespürt haben, werden lebendig für uns.

»Was ist für mich Trauerbegleitung?«

Nach der Führung haben wir Zeit, die Kirche auf unsere eigene Weise zu entdecken mit der Frage: »Was ist für mich Trauerbegleitung?«. Fotos sollen wir dazu machen und am Ende eins auswählen. Am nächsten Tag hängen unsere Fotos ausgedruckt an einer Leine im Raum. Wir begegnen einander noch einmal anders: »Ach, das Foto habe ich auch gemacht!«, »Wo war das denn, das habe ich ja gar nicht gesehen?«, »Was hat das mit Trauerbegleitung zu tun?«, »Diese Bilder sprechen alle für sich und brauchen keine Worte.« Wie die Geschichten von vielen Menschen im Dom für uns spürbar waren, so sind über die Bilder unsere Geschichten im Raum und spürbar. Achtung, Respekt und Offenheit füreinander werden auf einmal ganz leicht.

An diesem Morgen erzählen wir von uns; die ganz persönliche und biografische Geschichte, wie ich zu meinem Verständnis von Qualität in der Trauerbegleitung gekommen bin. Auf welchen Erfahrungen und Prägungen beruht mein »Qualitätsbegriff«? Wer mag, erzählt von sich, und die Nachbar:in notiert wichtige Gedanken.

»Was ist mein Verständnis von Qualität in der Trauerbegleitung?«

Treue gehört zur Qualität in der Trauerbegleitung

»Meine Familie war sehr christlich. Etwas schaffen, funktionieren, ins System zu passen, waren Werte, die mich geprägt haben. Gut war, was lange hält, was sich bewährt hat. Treue ist für mich in der Qualität der Trauerbegleitung wichtig geworden und stabil bleiben, um den Menschen zu dienen.«

Qualität ist, was dem Menschen dient

»Ich bin von meiner Großmutter aufgezogen worden. Von ihr habe ich gelernt: Qualität ist, was dem Menschen dient.«

Trauerbegleitung braucht gutes Werkszeug

»Ich komme aus einer Handwerkerfamilie; das hat mich geprägt. Mein Vater sagte immer: Man braucht gutes Werkzeug. Das ist für mich in der Trauerbegleitung auch so. Wir brauchen Kompetenzen für eine gute Qualität.«

Gute Trauerbegleitung lässt den anderen spüren, dass er dazugehört, und sie braucht Kreativität

»Meine Familie wurde, da war ich noch ein Kind, nach dem Zweiten Weltkrieg ausgesiedelt. Wir kamen neu an, waren nicht gewollt, konnten schwer ankommen und wollten doch dazugehören. Jeder Mensch ist wertvoll, so auch die neuen Migranten und Migrantinnen. Dass sie Freiheit und Wertschätzung erfahren dürfen, ist für mich wichtig und prägt meine Vorstellung von Qualität in der Trauerbegleitung. Sie zeigt sich an der Anerkennung aller Menschen in ihrem Anderssein. Aus dieser Zeit der Vertreibung habe ich noch ein Bild: Wir wurden in Viehwagons gesteckt; es war dunkel und eng. Die Menschen hatten Angst. Meine Mutter hat in diesem Viehwagon gesungen – die Angst weggesungen. Das heißt, dass Kreativität und künstlerisches Gestalten für mich mit in die Qualität der Trauerbegleitung gehören.«

Carmen Birkholz / BVT

Carmen Birkholz / BVT

Verankerung im Ursprünglichen ist Qualität

»Ich komme aus einem sehr sozialen Elternhaus. Wir haben uns aus dem Garten ernährt. Wir leben alle aus Gottes Schöpfung. Qualität ist für mich, zu wissen, wie ein Apfel schmeckt. Es muss drin sein, was draufsteht. Ich habe Sorge, dass das bei der Trauerbegleitung verloren geht. Ich muss auf den Ursprung zurückkommen können.«

Qualität braucht Zeit für ihre Entwicklung und Fürsorge, um sie zu halten

»Wir waren zwei Familien, eine aus dem Osten und eine aus den Niederlanden, die sich in NRW trafen. Wir waren sehr christlich und sehr sozial. Ich habe gelernt, dass Qualität Zeit braucht, bis es so wird, wie man es sich vorgestellt hat. Man kann sie nicht über das Knie brechen und sie braucht Aufwand und Fürsorge, um sie zu erhalten.«

Gute Trauerbegleitung schaut hinter die Dinge, hinterfragt, folgt Werten und ist authentisch

»Ich bin in einer Großfamilie aufgewachsen; drei Generationen. Mein Vater war sehr genau und hat die Dinge hinterfragt. Von ihm habe ich gelernt, hinter die Dinge zu schauen. Ich habe Empathie gelernt und auf Gefühle zu achten. Das war in der Telefonseelsorge, die mich geprägt hat, sehr wertvoll. Authentisch und wertegeleitet gehört für mich zudem zur Qualität von Trauerbegleitung.«

Qualität ist, das Beste zu tun; alle einzubeziehen und offen für neue Wege zu sein

»Ich bin mit politisch engagierten Eltern aufgewachsen. Meine Mutter war sehr sozial. Ich habe gelernt, dass Qualität bedeutet, das Bestmögliche zu tun, alle mit einzubeziehen und sich immer wieder auf den Weg zu machen.«

Wenn Qualität zum »Leistungsprinzip« wird, weil ich sonst nicht gesehen werde, wird sie eng

»Ich bin im Ruhrgebiet aufgewachsen. Meine Eltern habe ich früh verloren. Ich habe gelernt, dass ich Qualität abliefern muss, um gesehen zu werden, und ich war bestimmt von Prinzipien. Mit zunehmendem Alter wird das Korsett der Prinzipien immer enger. Das muss weiter werden.«

Authentisches Erzählen schafft einen Raum von Respekt, Achtung und Wertschätzung

Es war eine dichte Stimmung im großen Saal des Roncalli-Hauses, als wir einander zuhörten und in die unterschiedlichen Welten von Kolleg:innen mitgenommen wurden. Wir begegnen uns sonst anders: im Smalltalk, im Austausch über Angebote und im kritischen Diskurs über die Vielfalt von Trauerbegleitungsangeboten. Es war bemerkenswert, dass die Frage nach der Qualität nicht mit den Standards beantwortet wurde, sondern mit sehr persönlichen, biografischen Erzählungen. Was mich in meinem Tun in der Trauerbegleitung bestimmt, sind meine eigenen Erfahrungen und Prägungen – und nicht in erster Linie die, die ich selbst als Trauernde gemacht habe. Meine Identität als Trauerbegleiterin hat sehr viel mit meinen Werten zu tun und die haben sich durch Erfahrungen und prägende Menschen in mir gefestigt. Sie sind die Säulen meiner Haltung geworden.

Selbstsorge durch die Treue zu meinen Werten

Selbstsorge in der Trauerbegleitung heißt daher auch nicht in erster Linie, »Grenzen zu setzen«, regelmäßig zu pilgern, Supervision in Anspruch zu nehmen, Weiterbildungen zu besuchen, zu trennen zwischen Beruf und Privat, vor der Trauerbegleitung zu beten oder eine Atemmeditation zu machen, während der Begegnung das Telefon auf stumm zu stellen und ein Ritual zum Abschluss zu haben. Das alles sind gute und individuelle Wege, um mit der Dichte und Schwere von Trauererfahrungen anderer Menschen gut umgehen zu können. Es sind konkrete Tipps, die mich unterstützen, in professionelle Nähe gehen zu können – und auch wieder aus dieser Nähe heraus.

Meine Art, Trauerbegleitung zu gestalten, nährt sich auf einer tieferen Ebene von meinen Werten und meinen Vorstellungen vom Guten in dem, was ich tue. Daher macht es Sinn, darüber nachzudenken, was für mich Qualität ist. Wann ist etwas gut?

Ich bin aus dem Beruf der Klinikseelsorgerin herausgegangen, weil zu der Zeit damals die Stellenbemessung 1 : 700 war. Auf 700 Krankenhausbetten kam eine evangelische Klinikpfarrstelle. Ich habe die Arbeit geliebt und dort meine pfarramtliche Identität gespürt, aber diese Bedingungen beschrieben für mich eher eine »Nicht-Versorgung« von Menschen. Mein Weg ging dann in die Freiberuflichkeit, die mir den Raum gibt, meinen Vorstellungen und Werten zu folgen. Sie birgt andere Risiken, aber wenn ich abwäge, ermöglicht sie mir, Trauerbegleitung so zu tun, wie ich es für richtig halte. Damit sorge ich gut für mich selbst und kann für andere hilfreich sein.

 Drⁱⁿ phil. **Carmen Birkholz,** Diplom-Theologin, arbeitete und forscht in ihrem Institut für Lebensbegleitung in Essen zu Spiritualität, Spiritual Care, Trauer, Demenz, geistige Behinderung und Palliative Care. Sie ist tätig als Trainerin und Beraterin und Lehrbeauftragte an der Evangelischen Hochschule Rheinland-Westfalen-Lippe, Bochum und der Katholischen Hochschule Münster.

Kontakt: birkholz@institut-lebensbegleitung.de

Brustreiben

Schulterwurf

Aus: Claudia Croos-Müller: Nur Mut! Das kleine Überlebensbuch. Soforthilfe bei Herzklopfen, Angst, Panik & Co. München: Kösel, 2012; Bleib cool. Das kleine Überlebensbuch für starke Nerven. Soforthilfe bei Stress, Arbeitsfrust & Co. München: Kösel, 2019; Ich schaf(f) das! Leichte Körperübungen für mehr Lebenspower. 50 Karten. München: Kösel, 2020.

Die von Dr. Claudia Croos-Müller entwickelte *Body 2 Brain CCM®*-Methode baut auf den neuropsychologischen Erkenntnissen zu der engen Verbindung zwischen Körper und Gehirn auf. Die Methode zielt darauf, Körpersignale zu beobachten und mittels kleiner Körperimpulse das Befinden zu verbessern. *Body 2 Brain*-Übungen können zur Selbstregulation, zur unmittelbaren körperlichen und seelischen Beruhigung oder Aktivierung genutzt werden (es ist eine kostenlose App *Body2Brain* verfügbar).

Vorschau Heft 4 | 2023

Berührung

Homo Hapticus – warum der Mensch Berührung braucht

Ärztliche Umarmung und ärztliche Berührung

Berührung in der Pflege

Sterbende und Tote berühren

Trauertattoos: Der Tod auf und unter der Haut

Berührbar bleiben: Nähe und Distanz am Sterbebett

Intimität/ Erotik bei Berührungen in der Trauerbegleitung

Berührende Seelsorge: Von der Wechselwirkung im Beziehungsgeschehen

Berührung, Nähe und Distanz in anderen Kulturen

u. a. m.

Vandenhoeck & Ruprecht   12. Jahrgang 4 | 2023 | ISSN 2192-1202

Leidfaden
FACHMAGAZIN FÜR KRISEN, LEID, TRAUER

VOM **BERÜHRTSEIN** UND VON DER **KUNST** DER **BERÜHRUNG**

Impressum

Herausgeber/-innen:
Rainer Simader, Dachverband Hospiz Österreich, Ungargasse 3/1/18, A-1030 Wien
E-Mail: simaderr@gmail.com

Prof. Dr. med. Lukas Radbruch, Zentrum für Palliativmedizin,
Von-Hompesch-Str. 1, D-53123 Bonn
E-Mail: Lukas.Radbruch@ukbonn.de

Dr. phil. Sylvia Brathuhn, Frauenselbsthilfe Krebs e. V.,
Landesverband Rheinland-Pfalz/Saarland e. V.
Schweidnitzer Str. 17, D-56566 Neuwied
E-Mail: Brathuhn@t-online.de

Prof. Dr. Arnold Langenmayr (Ratingen), Dipl.-Sozialpäd. Heiner Melching (Berlin),
Monika Müller, M. A. (Rheinbach), Dipl.-Päd. Petra Rechenberg-Winter M. A. (Hamburg),
Dipl.-Pflegefachfrau Erika Schärer-Santschi (Thun, Schweiz),
Dipl.-Psych. Margit Schröer (Düsseldorf), Prof. Dr. Reiner Sörries (Erlangen),
Peggy Steinhauser (Hamburg)

Kontaktanfragen und Rezensionsvorschläge richten Sie bitte an
Rainer Simader: simaderr@gmail.com

Wissenschaftlicher Beirat:
Dr. Colin Murray Parkes (Großbritannien), Dr. Sandra L. Bertman
(USA), Dr. Henk Schut (Niederlande), Dr. Margaret Stroebe
(Niederlande), Prof. Robert A. Neimeyer (USA)

Redaktion:
Ulrike Rastin M. A. (V. i. S. d. P.),
BRILL Deutschland GmbH
Vandenhoeck & Ruprecht
Robert-Bosch-Breite 10, D-37079 Göttingen
Tel.: 0551-5084-423
E-Mail: ulrike.rastin@v-r.de

Bezugsbedingungen:
Die Zeitschrift erscheint viermal jährlich. Es gilt die gesetzliche Kündigungsfrist
für Zeitschriften-Abonnements. Die Kündigung ist schriftlich zu richten an:
HGV Hanseatische Gesellschaft für Verlagsservice mbH, Leserservice,
Teichäcker 2, 72127 Kusterdingen, E-Mail: v-r-journals@hgv-online.de.
Unsere allgemeinen Geschäftsbedingungen, Preise sowie weitere Informationen
finden Sie unter www.vandenhoeck-ruprecht-verlage.com.

Verlag:
BRILL Deutschland GmbH, Robert-Bosch-Breite 10,
D-37079 Göttingen; Tel.: 0551-5084-300, Fax: 0551-5084-454
www.vandenhoeck-ruprecht-verlage.com

ISSN (Printausgabe): 2192-1202, ISSN (online): 2196-8217
ISBN 978-3-525-80624-1
ISBN 978-3-647-80624-2 (E-Book)

Umschlagabbildung: bgpsh/Shutterstock

Verantwortlich für die Anzeigen: Ulrike Vockenberg, Brill Deutschland GmbH,
Robert-Bosch-Breite 10, D-37079 Göttingen, Kontakt: anzeigen@v-r.de

© 2023 by Vandenhoeck & Ruprecht, Robert-Bosch-Breite 10, 37079 Göttingen, Germany, an imprint of the Brill-Group
(Koninklijke Brill NV, Leiden, The Netherlands; Brill USA Inc., Boston MA, USA; Brill Asia Pte Ltd, Singapore;
Brill Deutschland GmbH, Paderborn, Germany; Brill Österreich GmbH, Vienna, Austria)
Koninklijke Brill NV umfasst die Imprints Brill, Brill Nijhoff, Brill Hotei, Brill Schöningh, Brill Fink, Brill mentis,
Vandenhoeck & Ruprecht, Böhlau, V&R unipress und Wageningen Academic.

Gestaltung, Satz und Lithografie: SchwabScantechnik, Göttingen
Druck und Bindung: Beltz Grafische Betriebe GmbH, Bad Langensalza

Printed in Germany

Die Selbsthilfe-Reihe: V&R SELF

Stefan Balázs
Setze dein Leben neu zusammen

Lebenskrisen mit dem Tangram-Prinzip meistern

V&R SELF.
2022. 215 Seiten mit 4 Abb.,
franz. Broschur € 23,00 D
ISBN 978-3-525-46283-6
Auch als E-Book erhältlich.

In Lebenskrisen steht uns
häufig nicht der Kopf nach
reflektierender Selbstanalyse
– wir suchen schnelle Hilfe,
um wieder Halt zu finden.
Stefan Balázs gibt fünf einfache Impulse, die dein
Leben verändern werden.

Isabel García
Wie sage ich eigentlich …?

30 Tipps für schwierige Gespräche

V&R SELF.
2022. 294 Seiten, franz.
Broschur € 23,00 D
ISBN 978-3-525-46281-2
Auch als E-Book erhältlich.

Isabel García gibt 30 Kom-
munikationstipps, mit denen
es gelingt, ehrlich mit sich
selbst und wertschätzend
mit dem Gegenüber umzu-
gehen – privat und beruflich.
Mit Audiobeispielen.

Juliane Rosier
Du bist der Unter- schied!

Wie du mit deiner Arbeit die Welt verbesserst

V&R SELF.
2022. 285 Seiten mit 9 Abb.,
franz. Broschur € 23,00 D
ISBN 978-3-525- 46288-1
Auch als E-Book erhältlich.

Viele von uns kennen es:
Zeit in einem Job zu ver-
schwenden, der uns einfach
nicht erfüllt und der nicht
einmal Sinn ergibt. Anstatt
die Reißleine zu ziehen und
endlich etwas Sinnvolleres zu
machen, treiben wir uns mit
überholten Glaubenssätzen
immer weiter an. Juliane
Rosier begleitet dich auf
deinem Weg von einem
bloßen Brotjob zu einer
erfüllenden sinnstiftenden
Arbeit.